Echoes of Tea & Classics, for Season

차와 클래식의 공명, 포시즌

Spring, Tea, and Music　011

그리그Grieg의 <페르귄트Peer Gynt> 중 '아침'.

콜니드라이 '신의 날'

슈베르트 가곡 '아름다운 물레방앗간 아가씨' 18번 주제.

베토벤 피아노 협주곡 5번 '황제' (제2악장)

정수년의 '세상에서 아름다운 것들 Beautiful Things in Life'.

모차르트 '클라리넷 협주곡 2악장'

헨델의 기도 Prayer.

라흐마니노프 '보칼리제'

론도 베네치아노Rondo Veneziano의 '베네치아 야상곡'

그리그Grieg의 '늦봄The Last Spring'

멜리사 베네마의 '일 실렌치오Il Silenzio'

존 다울런드의 '라크리메Lachrimae' 중 슬픈 눈물Lachrimae Tristes

본 윌리엄스의 '푸른 옷소매 환상곡Fantasia on Greensleeves'

안톤 브루크너 교향곡 4번 낭만적Romantic

브람스 피아노 협주곡 제1번 Op. 15

슈만의 '바이올린 협주곡 2악장'

볼프 페라리의 '성모의 보석' 간주곡 제1번

베토벤 '바이올린 협주곡 작품번호 61' 2악장

라흐마니노프 '파가니니 주제에 의한 랩소디' 중 제18변주

안톤 드보르자크 '현을 위한 세레나데' 4악장.

오펜바흐의 '하늘 아래 두 영혼Deux âmes au ciel - Élégie Op. 25

엘가 '첼로 협주곡 작품번호 85' 3악장 아다지오

알렉산드르 글라주노프의 '비올라와 피아노를 위한 비가悲歌'

파블로 카잘스 '새의 노래Song of the Birds'

Summer, Tea and Music 067

Autumn, Tea, and Music 115

스비리도프Sviridov의 '로망스'

생상Saint-Saëns, 오페라 <삼손과 데릴라> 중 '그대 목소리에 내 마음 열리고'

최고의 소리는 따뜻한 인간의 목소리입니다

졸탄 코다이Zoltán Kodály, '바이올린과 피아노를 위한 아다지오Adagio'

쇼스타코비치Shostakovich, 영화 <기도The Gadfly> 중 '로망스Romance'

김소희 명창의 '구음口音'

오펜바흐Offenbach, '자클린의 눈물Les larmes de Jacqueline'

코른골드E. W. Korngold, '바이올린 협주곡 D장조 Op. 35' 제2악장 Romance: Andante

하인리히 베어만Heinrich Baermann, '클라리넷과 현을 위한 아다지오Adagio'

갈루피B. Galuppi, 피아노 소나타 제5번 C장조 중 '아다지오Adagio'

카를 골드마크Karl Goldmark, '바이올린 협주곡 제1번 A단조 Op. 28' 제2악장 Air: Andante

베토벤L. v. Beethoven, '현악 4중주 제13번 B♭장조 Op. 130', 제5악장 카바티나Cavatina

Alfredo Catalani, 오페라 <라 왈리(La Wally)> 중 '나 이제 멀리 떠나가리Ebben?

샤를 구노C. Gounod, '아베 마리아Ave Maria'

루이지 보케리니(L. Boccherini), '첼로 협주곡 제9번 B♭장조'. 제2악장 Adagio non troppo

아스토르 피아졸라A. Piazzolla, '망각Oblivion'

프리드리히 부르크뮐러(F. Burgmüller), '첼로와 기타를 위한 3개의 야상곡' 중 제1번

W. A. Mozart, '피아노 협주곡 제20번 D단조 K. 466'. 제2악장 로망스Romance.

P. I. Tchaikovsky, '우울한 세레나데Sérénade mélancolique Op. 26.

요하네스 브람스J. Brahms, 바이올린 협주곡 D장조 Op. 77'. 제2악장 아다지오Adagio.

찻잔 속에
흐르는
선율,
그
공명共鳴의
기쁨에
대하여

다관에서 숙우로, 숙우에서 다시 찻잔으로 물이
옮겨가는 소리가 들립니다. 쪼르륵, 낙차를 타고 흐르는
그 투명한 물소리는 마치 현악기의 첫 울림처럼 고요한
방 안의 정적을 깨웁니다. 뜨거운 물을 머금은 마른 찻잎이
비로소 기지개를 켜며 본연의 향기를 피어 올릴 때, 턴테이블의
바늘이 LP판의 골을 타고 넘으며 오래된 선율을 공기 중으로
풀어놓습니다. 이 찰나의 순간, 시각과 청각, 후각과 미각,
그리고 찻잔의 온기를 느끼는 촉각까지,
우리의 오감五感은 비로소 하나로 깨어납니다.
우리는 왜 차를 마시며 음악을 듣는 것일까요?
단순히 목을 축이기 위해서라면 맹물로도 족하고,
귀를 채우기 위해서라면 소음 속에서도 이어폰을 꽂으면
그만일 것입니다. 그러나 차와 음악이 만나는 자리는 단순한
소비의 공간이 아닙니다. 왜 이 두 가지는 서로의 곁을 지키 는
오랜 벗처럼, 실과 바늘처럼 함께해야만 하는 것일까요. 그
필연적인 어울림과 그 속에서 피어나는
행복의 본질을 들여다봅니다.
첫째, 차와 음악은 '기다림의 미학'을 공유합니다.
현대 사회는 우리에게 '더 빨리, 더 많이' 가지라고 재촉합니다.
인스턴트 커피는 1분이면 완성되고, 디지털 음원은 전주를
듣기도 전에 다음 곡으로 넘겨버리기 일쑤입니다. 하지 만
차와 음악은 우리에게 "잠시 멈추라"고 속삭입니다. 찻물이
가장 맛있는 온도로 식기를 기다리고, 찻잎이 뜨거운 물 속에서
자신의 속내를 온전히 풀어놓기를 기다리는 시간은, 음악이
전주前奏를 지나 주제 선율을 보여주고 절정으로 치닫기를
기다리는 시간과 닮아 있습니다. 베토벤의 느린 악장Adagio이
흐를 때 찻잔의 온기를 손으로 느끼는 일은, 흘러가는 시간을
붙잡는 것이 아니라 그 시간의 결을
온전히 어루만지는 행위입니다.

그 기다림 속에서 우리는 조급함을 내려놓고 비로소
과거도 미래도 아닌 '지금, 여기'에 존재하는
나 자신을 마주하게 됩니다. 차가 우러나는 시간은 지루한
공백이 아니라, 음악으로 채워지는 충만의 시간입니다.
둘째, 차와 음악은 서로의 빈 곳을 채워주는 완벽한 보완재입니다.
차는 다분히 육체적이고 감각적입니다. 따뜻한 찻물은 식도를
타고 내려가며 경직된 몸을 이완시키고, 카페인과 테아닌은
머리를 맑게 깨웁니다. 반면 음악은 비물질적이며 영혼을
지향합니다. 보이지 않는 파동이 되어 우리의 마음을 어루만지고
감정의 온도를 조절합니다. 차가 '땅(Earth)'의 기운을 담아
우리를 차분하게 가라앉혀 준다면(Grounding),
음악은 '공기(Air)'의 기운으로
우리의 상상력을 날아오르게 합니다.
씁쓸한 찻물이 혀끝에 닿을 때 들려오는 첼로의 중저음은
인생의 비애마저 아름다움으로 승화시킵니다. 달콤한 차 향기가
코끝을 스칠 때 들려오는 바이올린의 고음은 찰나의 환희를
영원으로 확장합니다. 차가 침묵의 언어라면, 음악은 소리의
언어입니다. 침묵 속에 차를 마시며 음악을 듣는다는 것은,
말하지 않아도 통하는 두 세계가 내 안에서 만나 공명共鳴하는
기적과도 같습니다. 이 공명은 찻잔 속의 작은
파문이 되어 우리 마음의 호수로 번져나갑니다.
셋째, 차와 음악이 함께할 때 우리는 비로소 진정한
'위로'와 '치유'를 경험합니다.
계절의 변화에 따라 옷을 갈아입듯, 우리의 마음도 날씨와
상황에 따라 다른 처방을 원합니다. 봄날의 풋풋한 갓 덖은
햇차는 슈베르트의 가곡과 만나 지난겨울의 상처를 보듬고 새 살을
돋게 합니다. 여름날 얼음을 띄운 시원한 냉차는 파가니니의
현란한 선율과 만나 끓어오르는 열정을 식혀줍니다.
가을날 붉은 수색을 띤 깊은 홍차는 브람스의 고독과

섞여 사색의 깊이를 더하고, 겨울날의 따뜻하고 묵직한
발효차는 쇼스타코비치의 절규를 감싸 안으며 내면의
단단한 뿌리를 확인시켜 줍니다.
슬플 때 마시는 차가 뜨거운 눈물이 되고, 기쁠 때 듣는
음악이 환한 웃음이 되듯, 이 둘은 감정을 억누르는 것이 아니라
자연스럽게 흘려보내게 하는 치유의 도구입니다.
꽉 막힌 가슴을 뚫어주는 것은 웅변이 아니라,
조용히 스며드는 차 향기와 가슴을 울리는 선율입니다.
넷째, 이 행위는 나를 귀하게 대접하는 '삶의 의식儀式'엽니다.
행복은 멀리 있는 파랑새가 아닙니다. 남들에게 보여주기 위한
화려한 식탁이 아니어도 좋습니다. 낡은 찻잔 하나, 오래된 음반
한 장이면 충분합니다. 찻잔에서 피어오르는 김 사이로 내가
좋아하는 선율이 흐를 때, 그리고 그 속에서 '아, 좋다'라고 내뱉는
짧은 탄성 속에 행복은 깃들어 있습니다. 그것은 소유에서
오는 기쁨이 아니라, 향유享有에서 오는 증만함입니다.
아무도 없는 방에서 홀로 차를 우리고 음악을 선곡하는 과정은,
삭막한 세상 속에서 나를 잃지 않기 위해, 무뎌진 감각을 다시
예리하게 하기 위해 행하는 거룩한 의식입니다. 내가 나에게
대접하는 가장 정성스러운 한 끼의 영혼 식사이기도 합니다.
고독Solitude은 외로움Loneliness과 다릅니다. 차와 음악이
있는 한, 우리는 혼자일지언정 결코 외롭지 않습니다. 그들은
가장 훌륭한 청자이자, 가장 다정한 말벗이기 때문입니다.
우리는 매일 밥을 먹듯, 매일 차를 우리고 음악을 들어야 합니다.
찻잎이라는 '자연'과 악기라는 '인간의 예술'이 만나는 그 접점에서
삶은 풍요로워집니다. 차 한 잔에 선율 한 자락을 띄워 보냅니다.
그 그윽한 향기와 아름다운 소리가 당신의 마음에 닿아 퍽퍽한
오늘 하루가 한 편의 아름다운 음악으로 기억되기를 바랍니다.
이것이 우리가 차와 음악을 사랑할 수밖에 없는 이유이며,
홀로 걷는 이 음악 산책이 언제나 설레는 까닭입니다.

봄
Spring

Spring, Tea and Music

꽃이 피어 봄을 알리고
햇차를 불러냈습니다

봄
Spring

수증기가 살며시 피어오릅니다. 소쩍새가 구슬피 우는 밤, 숲이 우거진 산에도 자연의 심리 변화는 어쩔 수 없는 법인가 봅니다. 어둠이 자욱하게 밀려온 이 시간, 다관은 온기로 가득 찹니다. 풋내가 가시지 않은 하얀 솜털, 어린 새싹입니다. 과일 향 같은 달콤한 냄새가 코끝을 자극하는 백호 오룡차白毫 烏龍茶를 우립니다. 하루를 마감하는 시간, 오늘 하루는 어땠나요. 한 잔의 차를 되새김질하며 턴테이블을 돌립니다. 콘트라베이스가 우려내는 저음이 낮게 깔립니다. 엄숙합니다. 막스 브루흐의 '콜니드라이', 신의 날입니다. 매일 이 시간이면 차와 음악과 함께 나를 다시 잡는 하루의 마지막 시간입니다. 오늘은 쓸쓸한 선율입니다. 아마도 완벽을 추구하는 인간의 욕망이 후미진 곳에 자리하고 있기 때문일 겁니다. 애써 생각하지 말아야 합니다. 그냥 내버려 두어야 합니다. 그래도 아쉽다면 그냥 뒤돌아보아야 합니다. 오늘 하루도 내가 만든 하루이기 때문입니다. 내 손에 안긴 찻잔 속, 과일 향 같은 달콤한 맛을 우려내는 어린 새싹은 사실 벌레 먹은 찻잎입니다. 벌레 먹은 찻잎이 발산하는 독특한 훈증熏蒸. 어느 누가 상상할 수 있겠습니까. 이를 두고 영국 왕실은 동방미인東方美人이라 하지 않았던가요. 이것 역시 신이 허락한 벌레 먹은 찻잎의 향기입니다. 콘트라베이스의 낮은 저음에 파이프 오르간이 긴 호흡으로 작은 방안을 요동치게 합니다. 벌레 먹은 찻잎에서 그윽한 향기가 나오듯 지치고 멍든 인간의 육체와 영혼도 사람의 향기가 자리하고 있습니다. 그것만으로 고마운 것입니다. 차 향기와 선율이 방안을 헤집고 다닙니다. 모든 허상은 잊어버려야 합니다. 그 허상의 시간들은 신의 날이었다고 위로하며 콘트라베이스가 연주하는 콜니드라이를 듣습니다.

해맑은 하늘입니다. 봄이면 세상이 눈물을 흘립니다. 일 년에 한 번 이맘때쯤이면 치통을 앓듯 자연스럽게 눈물을 흘립니다. 눈물 속에는 우리들이 살아온 고통, 번민, 아쉬움, 사랑, 행복, 웃음이 가득합니다. 차향을 머금은 플룻과 피아노 스리가 스멀스멀 안개 흐르듯 작은 방안의 공간을 가득 채웁니다. 푸릇푸릇하고 다리한 아기 젖 냄새가 나는 햇차 한 잔과 함께 선율을 따라가 봅니다. 슈베르트의 '시든 꽃'을 주제로 한 플룻과 피아노를 위한 변주곡입니다. 도입부는 단조 형식으로 장송 행진곡이 쓸쓸하고 애잔한 분위기로 이어집니다. 시들어버린 꽃에 붙이는 만가입니다. 사월의 또 다른 눈물꽃인 햇차 한 잔을 또 마십니다. 매화꽃이 피었습니다. 꽃이 피어 봄을 알리고 이슬비를 불러냈습니다. 이슬비에 개화꽃은 흠뻑 자태를 뽐내며 향기를 드날립니다. 거센 바람이 불지 않아서 좋습니다. 바람에 휘날리는 꽃잎도 아름답지만 조금은 더 오래 머물러 있으라고 기도합니다. 수줍은 얼굴의 매화꽃이 본 윌리암스의 환상곡, '푸른 옷소매'의 향기를 따라가게 합니다. 상쾌한 물결이 대지를 물들게 하는 선율입니다. 신선한 느낌, 새로움을 찾아 나서는 이방인의 꿈결이 느껴집니다. 꿈을 찾아 나서는 초원의 길. 무언가가 있고 그리움으로 가득한 사랑이 잔잔합니다. 봄비에 활짝 핀 매화. 꽃이 떨어지고 열매를 맺을 때면 푸른 매실이 주렁주렁할 것입니다. 그 열매 또한 청초함으로 가득합니다. 자신을 보호하기 위한 가시들이 촘촘히 숨겨져 있습니다. 어찌 보면 꽃이 떨어진 후에 열리는 열매 역시 푸른 옷소매가 아닐까 싶습니다. 어떤 이는 매화꽃을 말려 녹차와 함께 그 향기를 음미하며 마시기도 합니다. 매화꽃이 봄을 알리는 전령사이듯 봄은 숱한 꽃으로 태어납니다. 산, 들, 강, 낭떠러지, 벽돌 틈새에도 꽃이 핍니다. 꽃은 자리를 탐내지 않는 법입니다.

봄비 내리는 아침입니다. 비가 내리면 차분히 차를 마실 수 있는 시간입니다. 급할 것이 없습니다. 마음이 절로 느긋해지는 시공간의 세계입니다. 오히려 향기와 함께 차 맛을 제대로 느낄 수 있습니다. 마음도 따뜻합니다. 여유롭습니다. 마냥 늘어지고 싶습니다. 신흠은 인간삼락人間三樂을 노래했습니다. 문을 닫고 마음에 드는 책을 읽는 것, 문을 열고 마음에 맞는 손님을 맞이하는 것, 문을 나서서 마음에 끌리는 곳을 찾아가는 것. 이 즐거움에 차 마시는 일과 소리의 세계를 추가합니다. 그 세계에 빠져들고 싶습니다. 여기 차와 소리가 빗방울 속에 젖어 갑니다. 봄날의 이슬비가 잔잔합니다. 아름다운 리듬이 춤을 춥니다. 베토벤의 피아노 협주곡 제5번 '황제'의 제2악장입니다. 차분하게 가라앉은 선율입니다. 봄비 내리는 날 제격입니다. 선율은 잔잔히 흘러 온화하게 리듬을 탑니다.

베토벤 최고의 걸작이라 부르는 곡. 성스럽습니다. 명상적입니다. 피아노 독주는 여의주를 입에 문 비룡飛龍입니다. 마음속에 희열이 솟아오릅니다. 아름다운 안개가 소나무 등걸을 타고 오릅니다. 비가 머지않아 그칠 모양입니다. 말 없는 저 소나무 또한 순례자며 구도자일 것입니다. 차를 마시는 것, 소리를 듣는 것, 책을 보는 것, 지금 이 순간도 항해하는 것입니다. 마음의 구도자를 세우기 위해서 말입니다. 봄을 알리는 이슬비는 소리 없는 소리로 길을 찾습니다. 비에 젖은 피아노 선율이 기억의 저편을 깨우고 날갯짓합니다. 우수에 젖은 안개는 바람을 타고 기웃거립니다. 구도자의 목소리가 들립니다. 여성 보컬의 구음 소리입니다. 애절함을 간직한 기원의 목소리입니다. 세상을 찾아 나서는 긴 여행의 시작. 멀어져 가는 구음 소리를 뒤로하고 또다시 피아노 선율과 함께 구슬픈 해금 소리가 심금을 울립니다. 인간의 희로애락이 고스란히 녹아 있다는 해금 소리. 심오하다 못해 절묘한 조화를 이룹니다. 해금 연주자 정수년의 '세상에서 아름다운 것들'입니다. 세상에서 아름다운 것들, 해, 달, 나무 등 자연의 일부가 있겠습니다. 그렇지만 이 세상에서 가장 아름다운 것은 사람이 사람을 사랑하는 마음이 아닐까 싶습니다. 바로 마음의 소리입니다. 마음의 소리는 자연의 소리입니다. 누군가 말하지 않아도 느낄 수 있는 아름다움의 극치가 아닐까 싶습니다. 사랑만큼 아름다운 것이 이 세상 어디에 있으랴. 무언의 이야기들이 오고 가는 해금과 피아노의 아름다운 조화처럼 말입니다. 마주 앉은 당신과 당신 사이에 차향이 그윽합니다. 사람의 소리입니다. 마음의 울림입니다. 사랑의 향기입니다. 말하지 않아도 느낄 수 있는, 세상에서 가장 아름다운 것입니다. 삶은 걷고 걷는다고 합니다. 끝없는 정진이 필요하다고 합니다. 자신의 본 모습을 잃지 않기 위해. 변하지 않는 나무의 숨결, 숲이 가지고 있는 편안함. 이 숲에는 생동하는 존재자들이 꿈틀거리고 있습니다. 발걸음도 조심스럽습니다. 젊은 날의 내 청춘이 이 숲에 자리하고 있습니다. 내 삶의 자양분이었던 나무들. 아침저녁으로 보듬고 어루만지던 나무들. 생명의 계절에 여전히 자리하고 있습니다. 시간이 많이 흘렀습니다. 이 숲의 존재자들은 웅얼웅얼 오늘도 구도자의 길을 가고 있습니다. 멀리 큰 절의 종소리가 울려 퍼집니다. 젊은 날의 내 삶은 로맨틱했을까요. 홀로 걷는 이 음악 산책 길 위에서, 차 한 잔의 향기와 함께 다시금 묻습니다. 나는 누구입니까. 나는 누구이기에 하루를 걸어갑니까. 모든 것은 내가 만들어낸 신의 하루였다고, 나날이었다고 외쳐보렵니다.

차와
음악의
페어링
Tea and
Music Pairing

...

하루를 마감하는 깊은 밤의 위로

Music _ 막스 브루흐 〈콜 니드라이 (신의 날)〉 (게리 카의 콘트라베이스 연주)

"수증기가 살며시 피어오르고 소쩍새가 구슬피 우는 밤, 턴테이블에서
콘트라베이스의 저음이 낮게 깔립니다. 인간의 욕망과 후회가 서린 하루를
마감하며, 엄숙하고도 장중한 '신의 날'을 듣습니다."

TEA _ 백호 오롱차 (동방미인).
하얀 솜털이 보송한 어린 새싹이자 벌레 먹은 찻잎으로 만든 차입니다.

Pairing Guide _ 벌레 먹은 찻잎이 오히려 과일 향 같은 달콤한 꿀 향과 독특한 후증을 발산
하듯, 상처 입고 지친 인간의 영혼도 이 차와 음악을 통해 그윽한 향기로 승
화될 수 있습니다. 달콤한 차 한 잔과 콘트라베이스의 저음이 어우러져 깊
은 명상의 시간을 선사합니다.

...

아린 봄날, 상실과 희망 사이

Music _ 슈베르트 〈플룻과 피아노를 위한 변주곡 (주제 _ 시든 꽃)〉

"봄이면 세상이 치통을 앓듯 눈물을 흘립니다. 슈베르트의 '시든 꽃'은
실연의 아픔과 젊은 날의 절망을 노래하지만, 그 속에서 플룻과 피아노의
자유로운 기교가 피어납니다."

TEA _ 갓 덖어낸 햇차 '녹차'.

　　　　푸릇푸릇하고 아리한 아기 젖 냄새가 나는 4월의 눈물꽃입니다.

Pairing Guide _ 차향을 머금은 선율이 방안을 채울 때, 풋내 가시지 않은 햇차의 싱그러
　　　　움은 시든 꽃(과거의 아픔)을 위로합니다. 상실감 속에서도 다시 피어나
　　　　는 봄의 생명력을 햇차를 마시며 느껴보시길 권합니다.

...

매화 흩날리는 봄비 내리는 날

Music _ 본 윌리엄스 〈푸른 옷소매 환상곡 Fantasia on Greensleeves〉

"이슬비에 젖은 매화꽃이 자태를 뽐냅니다. 16세기 영국 민요에서
영감을 얻은 이 곡은 상쾌한 물결이 대지를 적시는 듯하며, 옛사랑의 그리움
과 전원적인 꿈결을 느끼게 합니다."

TEA _ 매화차 혹은 매화꽃을 띄운 녹차.

　　　　청초한 자태와 그윽한 향기를 머금은 순수의 결정체입니다.

Pairing Guide _ '푸른 옷소매'라는 곡의 제목처럼, 푸른 잎과 붉고 흰 매화가 어우러진 봄
　　　　날의 풍경을 찻잔에 담아보세요. 비에 젖어 흩날리는 꽃잎을 바라보며 마
　　　　시는 매화차는 곡의 서정적인 선율과 완벽한 조화를 이룹니다.

...

차분한 비 오는 아침의 명상

Music _ 베토벤 〈피아노 협주곡 5번 '황제' 2악장〉

"봄비 내리는 아침, 마음이 절로 느긋해집니다. 베토벤의 황제 2악장은
격렬한 고난 뒤에 찾아오는 평화와 같습니다. 피아노 독주는 마치 여의주를
문 비룡처럼 희열을 줍니다."

TEA _ 따뜻하게 우려낸 차 (인간삼락의 차).
빗소리와 함께 차분히 가라앉는 따뜻한 기운의 차.

Pairing Guide _ 문을 닫고 마음에 드는 책을 읽으며 차를 마시는 '인간삼락(인 생의 세
가지 즐거움)'을 누리기에 제격입니다. 빗소리, 차의 온기, 그 리고 명상
적인 피아노 선율이 어우러져 마음속에 구도자를 세우는 시간이 됩니다.

...

사람의 향기가 그리운 날

Music _ 정수년 〈세상에서 아름다운 것들 (해금 연주)〉

"비에 젖은 피아노 선율과 애절한 해금 소리가 조화를 이룹니다.
동양의 악기 해금과 서양의 악기 피아노가 만나 말하지 않아도 느껴지는
마음의 소리를 전합니다."

TEA _ 사랑하는 사람과 마주 앉아 마시는 차.

Pairing Guide _ 세상에서 가장 아름다운 것은 사람의 마음입니다. 해금 선율이 흐르는
공간에서 누군가와 마주 앉아 차향을 나누거나, 혹은 홀로 마시더라도
나 안의 따뜻한 인간미를 느끼게 해주는 차 한 잔이 필요합니다.

나는 묻습니다,
그대 꿈꾸고 있는가?

그리그Grieg
페르귄트Peer Gynt 중
'아침'

고요한 숲, 이른 아침의 산책길입니다. 솔향기는 사뿐사뿐 넘실거리고, 시야에 닿는 풍경은 눈동자를 시원하게 씻어줍니다. 낙엽을 밟는 발자국 소리는 숲의 정적 속에 부산함을 불러옵니다. 꿩들은 혼비백산 줄달음치고, 나비효과인 양 덩달아 고라니도 펄쩍펄쩍 순식간에 멀리 사라져 버립니다. 놀라긴 매한가지인데, 그들의 평화를 깬 미안한 마음이 가슴을 누릅니다. 어차피 저는 조용한 숲속의 이방인일 뿐입니다. 아무리 작은 야산일지라도 이곳은 그들의 세상입니다. 뻣뻣한 두릅은 가시를 세우고 있고, 머리를 갓 내민 어린 야생 취나물이 즐비합니다. 온통 푸름으로 요동치는 신록의 계절입니다.

굽이굽이 돌아 뒷산 길을 내려옵니다. 창문을 활짝 열고 숲속의 향기들을 방 안으로 불러들입니다. 신선한 초록의 아침, 그리그(Edvard Grieg)의 〈페르귄트 모음곡〉 제1번 중 '아침의 기분(Morning Mood, Op. 46-1)'이 흐릅니다. 실로 오랜만에 들어보는 선율입니다. 고요한 숲의 나라, 북구 노르웨이의 서정이 차 향기와 어우러져 제맛을 냅니다. 아름다운 아침의 정경이 눈앞에 절로 피어납니다. 어린아이처럼 꿈길을 걷는 듯 환상의 세계로 눈을 감게 합니다. 원래는 4막의 전주곡으로, 조용한 새벽빛이 떠오르는 모로코 해안의 아침 기분을 목가풍으로 묘사한 곡입니다. 이 곡은 노르웨이의 극작가 헨리크 입센이 그리그에게 작곡을 의뢰하며 탄생했습니다. 민속 설화를 바탕으로 한 '노르웨이판 파우스트'라 일컬어지는 페르귄트의 이야기입니다. 몰락한 부농의 아들이자 홀어머니 오제의 아들인 페르귄트는 게으른 몽상가이자 방탕한 성격의 소유자였습니다. 부와 모험을 찾아 떠도는 유랑자였던 그는 남의 부인을 빼앗는가 하면, 험준한 산속에서 마왕의 딸과 지내기도 합니다. 어느 날 농부의 딸 솔베이지(Solveig)를 만나 사랑을 약속하지만, 그녀를 홀로 남겨둔 채 어머니에게 돌아가고 맙니다. 잠깐의 만남 후 어머니의 죽음을 맞이하고, 그는 다시 부와 모험을 찾아 유랑의 길로 떠납니다. 하지만 그 길의 종착역은 파멸이었습니다.

지치고 병든 몸뿐인 노년의 그는 결국 고향으로 돌아옵니다. 그를 기다리고 있던 것은 작은 오두막집에서 빤발이 된 채 페르귄트의 귀향을 기다리던 솔베이지였습니다. 사랑을 맹세했던 그녀는 그의 인생 마지막 종착지였습니다. 고단했던 삶과 인생의 회한을 뒤로한 채, 솔베이지의 품 안에서 숨을 거두는 페르귄트의 삶을 음악은 이야기하고 있습니다. 대나무 숲에는 참새들이 기웃거리고 팽나무에는 직박구리가 찾아들었습니다. 플루트와 첼로 연주가 싱그럽고 청아한 아침 속에서 반복됩니다. 신선하기 그지없습니다. 눈을 감고 차 맛을 음미합니다. 소리는 리듬을 타고 퍼져나갑니다. 마치 전원의 삶인 양 사랑스러운 나날들입니다. 저는 저 자신에게, 그리고 당신에게 묻습니다. "그대, 지금 꿈꾸고 있는가?" 품 안의 페르귄트를 보며 솔베이지는 노래합니다.

"잘 자요, 내 사랑.
내가 그대를 살펴요, 내가 그대를 지켜요.
잘 자요, 꿈꾸어요, 내 귀여운 아기!"

지치고 멍든 인간의
육체와 영혼에 자리잡은
사람의 향기

콜니드라이 '신의 날'

수증기가 살며시 피어오릅니다. 소쩍새가 구슬
피 웁니다. 숲이 우거진 산이라 해도 자연의 심
리 변화는 어쩔 수 없는 법인가 봅니다.
어둠이 자욱하게 밀려온 밤, 다관이 온
기(溫氣)로 가득 찹니다. 풋내가 가시
지 않은 하얀 솜털, 어린 새싹입니다. 과
일 향 같은 달콤한 냄새가 코끝을 자극합
니다. 백호 오룡차(白毫 烏龍茶)입니다.
하루를 마감하는 시간, 오늘 하루 어땠나요?
한 잔의 차를 되새김질합니다. 턴테이블이 돌아갑니다.
콘트라베이스가 우려내는 저음이 낮게 깔립니다. 엄숙합니다. 콜니드라이, '신의
날'입니다. 매일 이 시간이면 차와 음악과 함께 나를 다잡는 하루의 마지막 시간
입니다. 오늘은 쓸쓸한 선율입니다. 아마도 완벽을 추구하는 인간의 욕망이 후미
진 곳에 자리하고 있기 때문일 겁니다. 애써 생각하지 말아야 합니다. 그냥 내버
려 두어야 합니다. 그래도 아쉽다면 그냥 뒤돌아보아야 합니다. 오늘 하루도 내가
만든 하루이기 때문입니다. 그것은 신이 허락한 하루입니다. 그래요, 내 손에 안
긴 찻잔. 과일 향 같은 달콤한 맛을 우려내는 어린 새싹은 사실 벌레 먹은 찻잎입
니다. 벌레 먹은 찻잎이 발산하는 독특한 향기. 어느 누가 상상할 수 있겠습니까.
이를 두고 영국 왕실은 동방미인(東方美人)이라 하지 않았던가요. 이것 역시 신
이 허락한 벌레 먹은 찻잎의 향기입니다.
선율이 빠른 리듬을 탑니다. 콘트라베이스의 낮은 저음에 파이프 오르간이 긴 호
흡으로 작은 방안을 요동치게 합니다. 이처럼 인간은 늘 생각하는 존재입니다.

새로운 날이면 새 마음이 피어나고 그 소망 또한 커져갑니다. 충실하지 못한 자신을 위로하려 하지만, 그 소망은 감당할 수 없을 만큼 커져 버린 허공일 뿐입니다. 충만한 하루를 보낸 날보다 아쉬움과 자책감이 드는 날이 더 많았을 테니까요. 고독하면 고독하게, 아프면 쓰라리게 느껴야 합니다. 자신을 위로해 줄 그 무엇인가를 찾기보다는 그 허상들을 모두 잊어야 합니다. 벌레 먹은 찻잎에서 그윽한 향기가 나오듯, 지치고 멍든 인간의 육체와 영혼에도 사람의 향기가 자리하고 있습니다. 그것만으로 고마운 것입니다.

차 향기와 선율이 방안을 헤집고 다닙니다. 모든 허상은 잊어버려야 합니다. 그 허상의 시간들은 신의 날이었다고……. 벌레 먹은 차 향기와 함께 하루를 마감하는 이 시간, 이 밤에 어울리는 선율이 울려 퍼집니다. 콘트라베이스가 연주하는 콜니드라이, 신의 날을……

여러분!

눈을 감아 보세요.

나는 누구입니까.

나는 누구이기에 하루를 걸어갑니까.

당신은 누구입니까.

당신은 누구이기에 나날이 걸어갑니까.

모든 것은 내가 만들어낸 신의 하루였다고,

나날이었다고 외쳐봅니다.

산사에서 들어보는 콜니드라이.

신의 날입니다.

소슬한 밤, 벌레 먹은 차 향기에 이끌려 갑니다.

왕방요 作

해맑은 하늘입니다. 봄이면 세상이 눈물을 흘린답니다. 일 년에 한 번, 이맘때쯤이면 치통을 앓듯 자연스럽게 눈물을 흘립니다. 그 눈물 속에는 우리들이 살아온 고통, 번민, 아쉬움, 사랑, 행복, 웃음이 가득합니다. 그래요, 수정(受精)의 아픔이랄까요? 하얀 눈물들이 여기저기 갈 수 있는 곳이라면, 다다를 수 있는 자리라면, 바람에 실려 날개를 달고 날아갑니다. 사람들은 이 하얀 눈물의 의미를 꽃가루라 불렀습니다. 그러나 그들은 우리를 보면 무섭고 두려운 나머지 도망치며 가까이하지 아니하고, 심지어 집 밖을 나서려 하지도 않았습니다. 그 이유는 우리들이 가지고 있는 아픔, 사랑, 슬픔을 가득 담은 하얀 눈물들을 혼자 감당하려 하지 않았기 때문입니다. 우리가 흘리는 하얀 눈물들이 그들의 눈동자에 내려앉을 때면, 그들도 하얀 눈물의 의미를 아는지 눈물을 흘리며 통증을 호소하고 때로는 하얀 안대를 하기도 했습니다. 그만큼 아픈 상흔의 기억이, 통증의 굴레가 컸기 때문입니다. 차향을 머금은 플루트와 피아노 소리가 스멀스멀 안개 흐르듯 작은 방 안의 공간을 가득 채웁니다. 푸릇푸릇하고 아릿한 아기 젖내음이 나는 햇차 한 잔과 함께 선율을 따라가 봅니다.

내 안에 피는 "시든 꽃"

플루트와
피아노를 위한 변주곡
슈베르트 가곡
'아름다운 물레방앗간 아가씨'
18번 주제

슈베르트 가곡집 《아름다운 물레방앗간의 아가씨》 중 날품팔이 청년의 비련을 노래한 18번 곡, '시든 꽃'을 주제로 한 '플루트와 피아노를 위한 변주곡'입니다. 도입부는 단조 형식의 장송 행진곡풍으로 쓸쓸하고 애잔하게 이어집니다. 언젠가는 젊은 청년의 마음을 알아주겠지 하는 기대감에 밝은 장조로 바뀌기도 하지만, 다시 절망에 찬 어두운 분위기와 함께 착잡한 심경의 선율로 바뀌며 이 부분을 반복 연주합니다. 이 곡의 매력은 플루트와 피아노가 주고받는 반복 연주게 있습니다. 여기서 보여주는 '시든 꽃'에 대한 변주곡은 연주자들에게 자유로운 소나타 형식을 넘어서 기교를 십분 발휘할 수 있도록 배려하고 있습니다. 이 곡은 빌헬름 뮐러의 연작시 〈물레방앗간의 처녀〉를 원작으로 노래한 것입니다. 가곡집의 주인공은 제분업자가 되기 위한 과정에 들어선 젊은 청년, 물레방아꾼입니다. 어느 날 청년은 들과 산에 울려 퍼지는 메아리를 들으며 희망에 부푼 가슴을 안고 강변을 따라갑니다. 한 방앗간에 다다른 청년은 뜻밖에도 아름다운 아가씨를 만나 뜨거운 연정을 느낍니다. 그녀의 마음을 사로잡으려 노력하지만, 그의 애틋한 사랑은 갑자기 나타난 사냥꾼으로 인해 시련에 직면합니다. 처녀는 변심을 하고 맙니다. 이에 상처 입은 청년은 실연을 견디지 못해 그만 시냇물에 몸을 던집니다. 슈베르트는 뮐러의 이 이야기에 그만이 가진 목가적인 세계와 회화적인 묘사를 더해, 애틋한 젊은이의 죽음을 작은 선율로 승화시켰습니다. 베토벤이 죽음의 자리에서 이 악보를 보고 슈베르트의 음악적 세계를 발견하며 애송했다는 일화도 전해집니다. 좀 더 언급하자면 18번 '시든 꽃'의 내용은 이렇습니다. 젊은 청년의 마음은 체념으로 돌아서고, 아가씨가 준 꽃을 무덤에 함께 묻어 달라는 이야기입니다. 즉 시들어버린 꽃에 바치는 만가(輓歌)입니다. 사월의 또 다른 눈물꽃인 햇차 한 잔을 다시 마십니다. 꿈을 꿉니다. 눈을 감아 봅니다. 비록 위의 이야기처럼 젊은 날의 아픔이지단 우리 역시 때론, 상실이라는 절망감 속에서 희망에 찬 의지들이 하나둘 청춘의 열락 사이로 사라져 버린 시기가 있었을 겁니다 그렇지만 자연스럽게 잊혀 가는 과거의 기억 속에서 새로운 우리들의 이상과 꿈들은 한 방울의 땀이 되어 조금씩, 아주 조금씩 우리 곁에 미진한 동작으로 다가옵니다. 그리고 우리에게는 앞으로 가야 할 날들이 기다리고 있습니다. 그 기다리는 시간 동안 우리는 피고 지는 꽃들처럼 또 다른 노래를 불러야 합니다. 그것이 내 안에 피는 시든 꽃이라 할지라도.

인생의 세가지 즐거움
'인간삼락 人間三樂'

베토벤 피아노 협주곡 5번 '황제' 제2악장

봄비 내리는 아침입니다. 비가 내리면 차분히 차를 마실 수 있는
시간이라 좋습니다. 급할 것이 없습니다. 마음이 절로 느긋해지는 시공간의
세계입니다. 오히려 습기를 머금은 공기 덕분에 향기와 함께 차 맛을 제대로
느낄 수 있습니다. 마음도 따뜻하고 여유롭습니다. 마냥 늘어지고 싶습니다.
신흠(申欽, 1566~1628)은 '인간삼락(人間三樂)'을 노래했습니다.

**"문 닫고 마음에 드는 책을 읽는 것(閉門閱會心書 폐문열회심서),
문 열고 마음에 맞는 손님을 맞이하는 것(開門迎會心客 개문영회심객),
문을 나서서 마음에 끌리는 곳을 찾아가는 것(出門尋會心境 출문심회심경).
이것이 바로 인생의 세 가지 즐거움이다(此乃人間三樂 차내인간삼락)."**

인간삼락, 인간의 세 가지 즐거움. 이 즐거움에 차 마시는 일과 소리의
세계를 추가합니다. 그 세계에 푹 빠져들고 싶습니다. 하지만 어쩌랴,
모든 것이 제대로 갖춰져 있지 않은 것을. 매 순간, 그 시공간에 자리한
것만으로도 만족합니다. 여기 차와 소리가 빗방울 속에 젖어 듭니다.
봄날의 이슬비가 잔잔합니다. 아름다운 리듬이 춤을 춥니다.
베토벤의 피아노 협주곡 제5번 '황제', 제2악장입니다.
인간삼락의 세계가 여기 있습니다. 차분하게 가라앉은 선율이 봄비
내리는 날과 제격입니다. 선율은 잔잔히 흘러 온화하게 리듬을 탑니다.
베토벤 최고의 걸작이라 불리는 곡. 성스럽고 명상적입니다. 피아노 독주는
여의주를 입에 문 비룡(飛龍)과 같습니다. 마음속에 희열이 솟아오릅니다.
"격렬한 파괴, 인간이 감당할 수 있는 최대한의 고난을 겪은 뒤에 우리는
약간의 평화를 누리고 있습니다. 나는 몇 주 연속해서 작업했지만 불멸성보다는
죽음을 위한 작업으로 여겨집니다. 이 죽어버린 평화에 대해 당신은 뭐라고
하겠습니까? 나는 이 시대에 더 이상의 안정을 볼 수 있으리라고 기대하지

않습니다. 우리가 기댈 수 있는 유일한 확실성은 우연한 기회뿐입니다."
베토벤이 라이프치히의 출판업자에게 보낸 편지의 한 구절입니다.
치열했던 전쟁의 시간, 나폴레옹이 떠나간 오스트리아 빈에서
베토벤은 포화 속에 구도자의 길을 걷고 있었던 것입니다. 베토벤의 제자였던
체르니에 따르면 찬미가풍의 주제는 오스트리아의 순례의 노래에서 따온 것이라
고 합니다. 순례자의 마음이 고스란히 담겨 있는 것입니다. 아름다운 간개가
소나무 등걸을 타고 오릅니다. 비가 머지않아 그칠 모양입니다. 말 없는 저
소나무 또한 순례자이자 구도자일 것입니다. 눈 속에 피는 동백꽃일 것입니다.

"자기를 이기기는 쉽고 남을 이기기는 어렵다. 자기를 이기는 건
나에게 달려 있고 남을 이기는 건 남에게 달려 있기 때문이다."
(승기이 승인난 승기재아 승인재인이 勝己易 勝人難 勝己在我 勝人在人爾 –
  장흥효 張興孝, 1564~1633, 『일기요어 日記要語』)

차를 마시는 것, 소리를 듣는 것, 책을 보는 것. 지금 이 순간도 항해(抗海)하는
것입니다. 마음의 구도자를 세우기 위해서.

이 세상에서
가장 아름다운 것은
사람이
사람을
사랑하는 마음

정수년
세상에서 아름다운 것들
Beautiful Things in Life

밭갈이로 몸속을 드러낸 대지의 들판. 붉은 황토 흙. 대지는 자신의
여린 속살들을 지그시 내밀고 있습니다. 이슬비에 젖어 드는 상큼한 흙내음.
살아있다는 꿈틀거림이 아름답습니다. 새 생명들이 며칠 후면 조잘조잘 고개를
내밀 것입니다. 간간이 불어오는 안개 바람에 이슬비는 춤을 춥니다. 한 걸음,
한 걸음 들녘을 지나 이웃들을 만나고 그들의 훈훈한 향기를 느낍니다. 춘백이
꽃망울을 터뜨렸습니다. 이슬비가 내려주는 여린 입맞춤. 소리 없는 떨림.
세상을 향한 미소로 답합니다. 봄을 알리는 이슬비. 누군가를 기다리는 애절함
이 있습니다. 요란스럽지 않으며 조용합니다. 화려하지 않으며 소박합니다.
두려움이 없으며 무섭지 않습니다. 강인함은 저 멀리, 여린 숨결입니다.
마치 잠든 갓난아기 같습니다. 잔잔한 이슬비가 그치고 나면 순백의 깨끗한
세상이 펼쳐집니다. 새 생명의 밑거름으로 호흡합니다. 싱싱한 봄날의 청아한
맛. 이 세상, 살아 있는 모든 것들에게 보여주고 들려주는 아름다운 선물인
것입니다. 봄날의 이슬비는 소리 없는 소리로 길을 찾습니다. 비에 젖은 피아노
선율. 기억의 저편을 깨우고 날갯짓합니다. 우수에 젖은 안개는 바람을 타고
기웃거립니다. 구도자의 목소리가 들립니다. 여성 보컬의 '우— 우—'.
구음 소리입니다. 애절함을 간직한 기원의 목소리입니다. 세상을 찾아
나서는 긴 여행의 시작. 멀어져가는 구음 소리를 뒤로하고

또다시 피아노 선율과 함께 구슬픈 해금 소리가 심금을 울립니다.
인간의 희로애락이 고스란히 녹아 있다는 해금 소리. 심오하다 못해 절코한
조화를 이룹니다. 해금 연주자 정수년의 '세상에서 아름다운 것들(Beautiful
Things in Life)'입니다. 해금은 단 두 줄만으로도 다양하고 풍부한 소리를
낼 수 있는 악기입니다. 예부터 해금은 동양의 바이올린이라 했습니다.
해금이 피아노와 구음을 배경으로 조화를 이룹니다.
서양과 동양 악기의 만남입니다.

*"기억해내고 상상할 수 있다면 좋겠어요. 피아노와 신디사이저
(피아노와 비슷한 전자 건반악기)는 듣기에 가장 편안하게, 그리고 거기에
해금의 애절함은 아름다움에 대한 간절한 바람입니다."* - 정수년 -

세상에서 아름다운 것들. 해, 달, 나무 등 자연의 일부가 있겠습니다.
물론 각 개인의 성향에 따라 여러 가지로 달라질 수 있겠지만 말입니다.
그렇지만 이 세상에서 가장 아름다운 것은 사람이 사람을 사랑하는 마음이
아닐까 싶습니다. 바로 마음의 소리입니다. 마음의 소리는 자연의 소리입니다.
누군가 말하지 않아도 느낄 수 있는 아름다움의 극치가 아닐까 싶습니다.
사랑만큼 아름다운 것이 이 세상 어디에 있으랴. 무언의 이야기들이 오고 가는
해금과 피아노의 아름다운 조화처럼 말입니다. 마주 앉은 당신과 당신 사이에
차향이 그윽합니다. 사람의 소리입니다. 마음의 울림입니다. 사랑의 향기
입니다. 말하지 않아도 느낄 수 있는, 세상에서 가장 아름다운 것입니다.

해금(奚琴)

해금은 두 줄로 된 찰현악기다.
깡깡이, 앵금 등의 이름으로도 불렸다.
해금은 통, 복판, 입죽(줏대, 기둥대)과 활대로
이루어져 있다. 통은 대나무를 주로 쓰는데,
대의 뿌리 부분을 있는 그대로 다듬은 원통을
상품으로 쳤다. 양쪽으로 뚫린 공명통의 한쪽
입구는 열어두고 한쪽 입구는 얇게 다듬은 오동
나무 복판을 붙인다. 대나무로 만든 활대에는
말총활을 달고 활에 송진을 먹인다.
활이 중현과 유현의 사이에서 각 줄을 문질러
소리를 낸다. 해금은 고려시대에 우리 나라에
들어온 후 궁중음악과 민속음악에 이르기까지
폭넓게 연주되고 있다. 관현합주에 하금이
편성될 때, 지속음을 내면서 관악기의
선율을 따라 연주하므로 비사비죽(非絲非竹)
이라고 하여 관악에 들기도 한다.

조장현 作

잔잔한 물결이
초원을 끌어안습니다

모차르트
'클라리넷 협주곡 2악장'

그리움이 그리운 대로 찾아드는, 새록새록 초록의 나날들입니다.
상큼한 공기처럼 누군가를 기다리는 날, 눈앞에 펼쳐진 세상은 늘 미지의
세계입니다. 한 걸음 한 걸음 숲길을 거닙니다. 향연의 세계입니다. 왕벚나무,
느티나무, 오리나무 등이 즐비하게 늘어서 있습니다. 지극히 근엄한 나이 든
회화나무도 보입니다. 혹부리 영감을 떠올리게 하는 숲속의 수호신입니다.
오래전 향수로 날아가 버린 꽃, 유난히 눈에 띄는 나무가 있습니다.
물푸레나무과의 미선(尾扇)나무입니다. 열매가 부채 모양이며 개나리꽃을
닮았습니다. 흔히 봄 하면 향기 없는 노란색 개나리꽃을 봄의 전령사라
부릅니다. 이와 달리 미선나무꽃은 흰색과 연분홍색으로 피어나며 향기가
넘실거립니다. 누구나 쉽게 알아볼 수 없는 존재, 좀처럼 보기 힘든
우리나라 고유종이자 천연기념물입니다. 이 숲속의 군계일학입니다.

미선나무는 봄, 여름보다는 가을이 일미(一味)입니다.

꽃이 져버린 잎사귀들, 낙엽 지는 그 색상이 참으로 아름답기 때문입니다.

청춘보다 노년이 더 아름답다는 것을 보여주는 듯합니다. 그 고운 빛깔을 다 표현할 수 없어, 가을을 기다리며 각자의 상상에 머무르게 합니다.

지금 이 순간 숲속의 코든 것이 제게는 미지의 세계인 것입니다.

신비스럽고 조용한 울림이 미지의 숲길에 동행합니다. 모차르트가 죽기 몇 주 전에 완성했다는 클라리넷 협주곡 A장조, 쾨헬 번호 622의 2악장입니다.

저기, 저기 기웃거리는 은은한 선율. 어린아이처럼 순백하고 청순합니다.

클라리넷 선율입니다. 잔잔한 물결이 초원을 끌어안습니다. 감미롭게 희상에 젖어 들게 하는 낭만적인 멜로디. 독주 악기인 클라리넷의 절제된 선율과 관현악의 웅장함이 아름답기 그지없습니다. 한 편의 그림 같은 서사시를 연상케 합니다. 이 곡은 모차르트(Wolfgang A. Mozart)가 재능 있는 클라리넷 연주자인 안톤 슈타들러(Anton Stadler)를 위해 작곡 했습니다. 하지만 자신의 죽음을 예감하고 있었던 모차르트가 아니었던가요.

황혼을 맞이하는 자신의 삶을 이야기하고 싶었던 것이 아닐까요. 독보적인 존재였던 자신은 클라리넷이 되고, 관현악단은 그가 걸어온 발자취였던 것입니다. 또한 그 삶 뒤에 찾아오는 또 다른 시공간, 새로운 미지의 세계.

그 세계는 무지개처럼 아름다운 세상일 것입니다. 천상병 시인이 읊었던, 소풍 끝내고 돌아가는 아름다운 세상을 노래하고 싶었던 것이 아닐까요. 어쩌면 슬프디슬픈, 그러면서도 아름다운 회한(悔恨)의 곡이라 말할 수 있겠습니다.

관현악처럼 웅장하고 화려했던 자신의 삶을 반추하듯이 말입니다.

이 곡은 시드니 폴락(Sydney Pollack) 감독의 영화 〈아웃 오브 아프리카 Out of Africa〉에 삽입되었던 모차르트의 걸작 중의 걸작입니다.

또다시 길이 없는 미지의 숲길을 거닙니다. 선명하게 새겨진 그림자는 영원히 잊히지 않는 법입니다. 남도의 후박나무를 마음에 담았듯, 미선나무를 마주한 것처럼. 제가 걸어가야 할, 한순간 미지의 세계를 걷고 또 기다립니다. 두려움이 없습니다. 아쉬움도 없습니다. 그 미지의 세계가 또 다른 호기심을 자극하다 하더라도 말입니다. 가녀린 미선나무를 살포시 등받이 삼아, 어렴풋이 푸른 하늘을 담은 차 향기와 더불어 마주하니,

미선나무의 꽃말처럼 모든 슬픔이 사라집니다.

모든이에게
봄을 선물합니다

헨델의 기도
Prayer

누군가를 찾는, 나를 찾는 울부짖음입니다. 시작부터 엄숙합니다. 수도원이나 산사 같은 곳의 찰나의 적막감이 뇌리를 휘감습니다. 전율입니다. 고요한 흔들림, 잔잔한 숨결이 바이올린 소리에 기지개를 켭니다. 숨죽일 듯 애절한 침묵으로 가슴속에 찾아듭니다. 고요한 새벽 아침, 제가 여기, 서 있는 것이라고 말입니다. 피아노 소리는 모든 걸 내려놓은 것처럼 겸허한 발걸음으로 뒤를 따릅니다. 나섬이 없고 물러섬이 없습니다. 자신을 아는 너그러움의 소소한 바람입니다. 모든 것은 나로부터 시작되는 것임을 어찌 잊을 수 있단 말입니까. 고독을 쓸어 담는 애잔한 선율과 진한 호소력이 감정을 불러일으킵니다. 가슴 저 깊이 깔려드는 처절함이 절로 기도하게 만듭니다.

"욕망보다 무서운 것이 없고, 인내보다 더 좋은 것이 없다."
(막외어욕 막선어인 莫畏於慾 莫善於忍) - 강이천(姜彝天, 1769~1801)의 『세 가지 경계(三警)』 중.

씨앗들이 머리를 들어 올리는 봄. 휴우, 공기 방울이 터질 듯합니다. 길고 긴 시간들, 번뇌와 갈등 속에서 피어나는 산물인 외로움과 고독을 자연의 숙명이라 받아들입니다. 치열한 내면의 전장(戰場)들. 나를 믿고 기도함으로써 붉은 꽃으로 피어나는 것입니다.

"나의 진실한 마음을 사물에 시행하면, 하는 일마다 진실하지 않은 것이 없을 것이며, 감동시켜 응하지 않는 것도 없을 것이다."
(이아실심 시어사물 무소위이비진야 무소감이불응야 以我實心 施於事物 無所爲而非眞也 無所感而不應也) - 권근(權近, 1352~1409)의 『신재기(信齋記)』 중.

헨델이 다시 기도를 하기 시작합니다. 격한 감정의 파고가 눈물로 도드라집니다. 나의 이야기를 들어주소서, 여기 어린 양이 있나이다. 심금을 울리는 절묘한 바이올린 소리가 숙연하게 만듭니다. 메시아를 만나기까지 자신을 뒤돌아보았을 귀대한 음악가. 흔하디흔한 과시욕의 산물인 "내가 누군지 아느냐"고 그는 남에게 묻지 않았습니다. 오직 자신에게 물었습니다. 나를 찾게 하소서. 삶은 내 그림자 속에 있는 것이라고 말입니다.

누군가를 위해 함부로 기도하지 마십시오. 누군가를 위해 기도하기 전, 나를 찾아야 합니다. 나를 위해 기도하십시오. 내 본연의 마음을 찾는 여행을 하십시오. 내 순수 이성을 되찾는 기도를 하십시오. 내가 누구인지 기도하십시오. 나를 모르면서 누군가를 위해 염원하고 기도한다는 것은 위선입니다. 참다운 나를 찾았을 때, 비로소 누군가를 위해 기도하는 것이 참으로 아름답고 진실된 것입니다. 나를 찾는 또 하나의 기도. 차를 달이고 마신다는 것, 이것 역시 나를 찾는 기도의 시간입니다. 나의 기도가 헛되지 않기를 …….

모든 이에게 봄을 선물합니다.

숙우회

무언가無言歌

라흐마니노프 '보칼리제'

風流

꽃들이 향연을 펼치는 봄날입니다. 세상 모든 것들이 자신의 존재를 알리는 나날들입니다. 그 향기에 물들어가는 삶의 시작들. 하루하루 늘어만 가는 시간의 연속성은 때론 빠르게, 때론 느리게 지나갑니다. 침묵 속에 괴어나는 꽃향기 처럼 소리 없이 다가오고 멀어져 갑니다. 사뭇 서로 말하지 않아도 느껴지는 숨결들이 존재하듯 사람과 사람, 자연과 사람 사이에도 정적의 언어가 있습니다. 바람결에 실려오는 비 올 냄새, 보는 것만으로 느끼는 기후 변화가 있듯 무언의 그림자가 살며시 다가옵니다. 때론 한 편의 영화, 시와 소설 속의 한 구절, 화폭의 영상 속에서 말하지 않아도 내 안의 이야기들이 왔다 사라져 갑니다. 어떤 사물을 통해 자신을 투영(投影)하는 계기가 생기기도 합니다. 이는 소리 소문 없이 자연스럽게 자신을 반추(反芻)하는 무언의 삶, 그 이정표입니다.

감미로운 첼로 소리가 심금을 울립니다. 성악가들이 목을 풀기 위해 '아, 어, 이, 오, 우'와 같은 모음만을 가지고 부르는 연주곡. 명창 김소희의 '구음'처럼 라흐마니노프의 '보칼리제'가 흐릅니다. 말이 없는 노래를 의미하는, 가사가 없는 무언가(無言歌)입니다. 오늘날 곡이 워낙 아름다워 성악보다는 여러 가지 악기로 편곡되어 연주됩니다. 첼로의 은은한 눈빛. "내 이야기 들리오?" 어쩌면 토라진 연인처럼, 피아노 건반을 스치듯 어루만집니다. 애틋합니다. 관능적이기까지 합니다. 낭만적인 로맨스를 연상하게 합니다. "당신이 말하지 않아도 알 수 있어요. 거센 바람이 불어도 그저 옆에 있을 것이오." 단조롭기 그지없듯 묵묵히 첼로의 뒤를 따르는 피아노 선율. 서정적인 첼로가 긴 여운을 가져다줍니다. 아름답기 그지없는 조화의 산물입니다. 거센 바람에도 나무와 나무가 슬쩍 비켜 가듯, 꽃과 꽃들이 제각기 시기하지 아니하며 본모습을 뽐내듯 서로의 교감이 있는 것입니다. 무언의 선율 또한 마찬가지입니다. 피아노와 첼로는 서로 이야기합니다. 그대 숨결 속에 느낄 수 있으니.

소문은 소리 없이 바람을 타고 넘습니다. 대중의 언어이기 때문입니다. 서로 말하지 않아도 암묵적인 바람을 타고 광장으로 달려갑니다. 꺼지지 않는 불을 밝히는 촛불, 침묵 속에 토해내는, 누구나 말하지 않아도 그 의미를 알 수 있듯 대중의 소리 역시 '무언가'입니다. 옛 선사들은 선비들에게 말씀하셨습니다. '여보게! 차한 잔 마시고 가시게." 선사들이 던지는 화두 역시 마음으로 이야기하는 메시지, 무언의 울림입니다. 한 잔의 차를 통해 스스로에게 묻는 내면의 무언가입니다.

우리는 매일 한 잔의 차를 마시는 동안 따스한 물의 기운을 느낍니다. 다구 속에서 흘러나오는 향기를 들이마십니다. 혼자만의 내면의 무언가를 음미하고 있는 것입니다. 말이 없어도 그 향, 그 맛을 알 수 있는 내적 자아의 울림이기 때문입니다. 내 안의 무언가. 바로 자아(自我)에게 묻는 삶의 이야기입니다.

꿈

먼 훗날,
모든 것은 꿈일 것입니다

론도 베네치아노
Rondo Veneziano
'베네치아 야상곡'

은작기림 作

부드러운 봄바람이 살랑거립니다. 사뿐사뿐, 양손을 뒷짐 지
며 밤길을 거닙니다. 오랜만에 걷는 밤길입니다. 긴 겨울의 아쉬
움 덕분입니다. 찬 공기와 따스한 공기의 변곡점인 계절이랄까요.
이 순간들을 잡아끌다 내밀어 칩니다. 고요한 듯 경쾌하기 그지없는 선율
이 몸을 요동치게 합니다. 침묵의 순간들은 깊은 어둠 속으로 저를 잡아 끌어들
입니다. 모든 이에게 밤은 어떤 변주곡이었을까요? 궁금하기 짝이 없는 물음이
지만, 삶의 밤은 나를 이끄는 밤, 고뇌하고 번민하는 삶의 나날들 속에 나를 돌이
키게 하는 그런 밤이 아니었을까요. 모든 역사는 밤에 이루어진다는 말이 있습니
다. 그 밤이 어떤 밤이었는지는 모르지만, 세계 역사 속 굴곡진 변화는 밤이 차지
하고 있었다는 것은 자명한 일입니다. 고요히 이 밤을 이끄는 선율처럼 말입니다.
베네치아의 밤. 달콤한 맛이 혀를 자극합니다. 사랑스러운 솜사탕이 하늘하늘 날
개를 펼칩니다. 소리를 듣는 저 역시 덩실덩실 무의식 속에 날개 춤을 추기 시
작합니다. 선율이 마음속에 요동치기 때문입니다. 무의식의 흐름입니다. 봄밤을
넌지시 속삭이는 그런 숨결입니다. 나에게 이야기하라고, 나의 이야기를 들으라
고 무언의 이야기들을 내뿜습니다. 어린 아기의 미소처럼 꿈결을 거닐게 합니다.

두 눈을 감고 숲길을 거닙니다. 사박사박 낙엽들은 자신의 언어로 대답합니다. "너는 누구냐. 나는 누구인가." 무언의 소리로 어우러집니다. 답을 알 수 없는 작은 미소의 언어로 넘어갑니다. 어찌 보면 저를 어루만지는 밤의 자장가입니다. 고요히 두 눈을 감고 밤의 길을 걸어보십시오. 어떤 길이든 시작은 불안하지만, 리듬을 타면서 제 길을 찾을 것입니다. 몸의 본능처럼요.

베네치아오 야상곡. 1980년대 이탈리아 베네치아 출신의 클래식 작곡가인 잔 피에로 레베르베리(Gian Piero Reverberi)가 이탈리아 음악학교 졸업생을 주축으로 결성한 '론도 베네치아노'는 최초의 실내 관현 음악단입니다. 론도 베네치아노는 소속 음악가들이 바로크 시대의 의상과 가발을 착용한 상태에서 음악을 연주한다는 독특한 규칙을 갖고 있습니다. 하지만 규칙에 얽매이지 않고 신디사이저, 베이스 기타, 드럼 세트와 같은 록 음악 스타일의 리듬 섹션이 들어간 곡도 연주합니다. 변화를 두려워하지 않는 삶의 방식입니다. 가정마다 수상 보트기 교통수단인 베네치아의 특성처럼, 강물이 넘실넘실 흘러가는 선율입니다.

봄날의 밤입니다. 나도 모르게 이끌리는 선율의 야상곡입니다. 리듬을 타고 몸을 던져보십시오. 그곳에 피부로 느낄 수 있는 오묘한 세계가 펼쳐질 것입니다. 고요한 겨울의 잠을 지나 봄날의 숲길은 야생 동물들의 움직임으로 시작됩니다. 고요했던 미동의 시작이 발걸음을 요동치게 하는 자연의 생리입니다. 낮의 작은 호흡들은 밤이 되면 큰 물결로 용솟음칩니다. 기묘한 봄, 꿈이라는 어울림으로 베네치아의 밤은 흘러갔을 것입니다. 밤을 다스리는 차 한 잔입니다. 하루를 마감하는 저의 삶의 방식입니다. 술 취한 밤처럼 그 길에서 차 향기가 덩실덩실 어깨춤을 추게 합니다. 먼 훗날, 모든 것은 꿈일 것입니다.

꽃잎들이 하나둘 떨어집니다. 자연의 삶이려니 합니다. 화려하면 할수록 빠른 뒷걸음질이 다가오고 있다는 것에 아쉬움을 느낍니다. 거친 것은 호흡이 빠르고, 여린 것은 느긋한 향기로 여운을 남깁니다. 두 눈을 감고 입가에 미소 짓는 허울의 숨소리, '내가 나인가' 묻습니다. 책상에 두 다리를 걸치고 의자 뒤편을 두 팔로 잡습니다. 그저 두 눈을 감습니다. '이게 나이거니' 합니다. 어쩌면 미소 뒤에 숨은 나의 슬픈 자화상일지도 모릅니다. 나도 모르게 떠오르는 생각입니다. 문득 방황하는 자신의 본성을 발견하고 깨달음에 이르는 과정을 야생의 소를 길들이는 데 비유한 심우도(尋牛圖)가 떠오릅니다. 심우도의 두 번째 단계인 견적(見跡: 깊은 마음속으로 들어가 소의 발자국을 발견하는 단계)에서 그 발자국을 보느냐 못 보느냐가 오로지 목동의 마음에 달려 있듯, 인간의 삶 역시 견적의 삶일지도 모릅니다. 나른하게 다가오는 시간의 연속, 늦봄의 휴화산입니다.

작은 것에도 만족할 줄 아는 마음이
삶의 질을 변화시킵니다

그리그
늦봄
The Last Spring

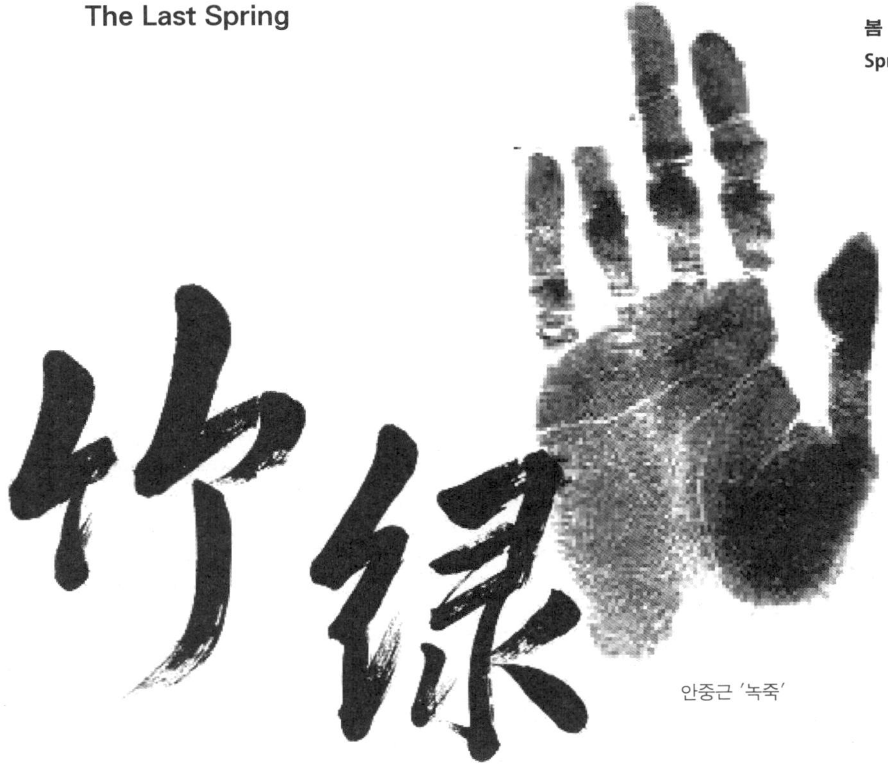

안중근 '녹죽'

애절함을 간직한 부드러운 날갯짓. 나른한 오후 스르륵 잠이 들게 합니다. 두 눈을 감고 쫑긋 세운 귓가. 부드러운 손길로 어루만지듯 바이올린 선율이 감미롭습니다. 애절합니다. 지나간 봄, 혹은 늦봄의 이야기를 들려줍니다. 회상의 시간입니다. 봄 햇살, 푸른 새싹, 윙윙거리는 꿀벌들, 화사함을 내세운 꽃향기들. 봄날의 일상입니다. 노르웨이 작곡가 그리그의 〈두 개의 슬픈 선율〉 중 제1곡은 '상처(Heart Wounds)', 제2곡은 '지나간 봄' 혹은 '늦봄(The Last Soring)'입니다. 바이올린을 뒤따르는 현악기들, 쓸쓸함이 감미로운 맛으로 줄을 잇는 대목이 인상적입니다. 노르웨이의 시인 비녜(Aasmund Olavsson Vinje)의 시로 곡을 만들었습니다. 서정적이며 단순합니다. 연가곡의 특징을 잘 드러내고 있습니다. 화자는 늦봄에 마주한 지난날의 봄을 떠올리고 있습니다. 낮이 짧고 밤이 긴 북유럽 특유의 로망스이자 그리움입니다. 사랑과 열정으로 가득 채워졌던 지난날의 봄. 그 기억 속의 봄을 다시 갈망하는 청춘의 회한을 노래하고 있습니다. 그리그의 '아침'을 연상시키듯, 노르웨이 협곡을 따라 흐르는 물결의 움직임과 닮아있습니다.

지나가 버린 봄을 생각만 해도
나는 하늘로 날아오르는 황홀한 기분에 젖어듭니다
대지는 언제 어디서나 봄의 소리를 알려주는 전령사예요.

삶은 어디에서나, 누구에게나 비슷합니다. 닮아있지 않은 것은 욕심의 차이입니다. 작은 것에도 만족할 줄 아는 그런 마음이 삶의 질을 변화시킵니다. 스스로 나 자신의 그릇을 안다는 것입니다. 작은 그릇이 어찌 큰 그릇을 탐하겠습니까 젊은 날의 상처와 고통은 나를 바로 세우는 아주 작은 그릇의 밑바탕입니다. 그 이정표가 오늘의 나를 만드는 것입니다. 청춘은 청춘입니다. 지난날 따스한 봄날의 아지랑이처럼, 그날을 웃음으로 마주할 수 있다면 삶은 살아있는 것입니다. 사람 냄새나는 사람으로 말입니다. 견적(見跡). 삶은 늘 나를 되돌아보는 시간으로 채워져 있습니다. 한순간 나를 잃을 때 망각의 기억 속으로 뒤뚱거립니다. 중심을 잡는 것 역시 나 자신입니다. 지나간 시간 속에서 나를 바라볼 수 있다면, 다가오는 시간 속에서 나를 알 수 있다면, 참된 삶을 살았다 할 것입니다. 삶이 있는 사람. 나를 찾는 것, 진아(眞我)입니다. 이것만큼 아름다운 것이 어디 있겠습니까. 참된 나를 찾아 떠나는 세계. 홀로 음미하는 다향(茶香)…….

Il Silenzio

104세 할머니와
86세 어머니를 위한
침묵, 고요, 적막

멜리사 베네마의
일 실렌치오 Il Silenzio

이슬비 내리는 봄날의 밤입니다. 아궁이에는 활활 타오르는 불길이 치솟아 오릅니다. 무엇이든 삼켜버릴 것 같은 욕망의 터널, 그곳에서 숯불이 끌려 나옵니다. 석쇠가 올려지고 소고기가 자리합니다. 술이 곁들여집니다. 가리비가 격한 용트림으로 오므라듭니다. 파도 소리에 묻어 흘러드는 염분 냄새. 바닷가 마을의 이미지처럼 돔이 빠질 리 없습니다. 봄동 배추에 된장까지, 두 사람 먹기에는 거한 술안주입니다. 아궁이 열기에 이런저런 이야기들이 술술 풀어져 나옵니다.

"친구야, 내가 나쁜 새끼지. 울 할매에게는."

친구가 오기 전까지 이 집에는 할머니와 어머니, 두 분이 사셨습니다.

친구가 집에 올 때면 할머니를 향해 소리쳤습니다.

"할매! 소주 됫병 사 가지고 왔어. 근데 왜 여태 안 죽고 살아 있어?
빨리 죽어부랑게. 울 어매 고생시키지 말고."

할머니는 그런 손자를 볼 때마다 "강아지 새끼 왔냐"며 친구의 얼굴을 잡아당기곤 했습니다. 일찍 남편을 잃고 오남매를 먼저 앞세운 할머니입니다. 평생 밭을 일구며 살았습니다. 허리가 구부러져 더 이상 펼 수 없을 정도였습니다. 나이는 104세, 어머니는 86세였습니다. 친구는 그런 두 분이 보고 싶다고 말합니다.

"어떻게 백 살이 넘어도 밭일을 했는지 모르것시야. 참 대단한 할망구였어.
울 어매도 그렇고. 친구야, 두 할망구를 위한 노래는 없냐?"

휴대폰 속의 유튜브. 일명 '적막의 블루스'라 부르는, 누구나 한 번쯤은 들어 보았을 밤하늘을 울리는 트럼펫 소리가 안성맞춤이었습니다. 침묵, 적막, 고요. 밤하늘의 트럼펫, '일 실렌치오(Il Silenzio)'입니다. 네덜란드 트럼펫 연주자 멜리사 베네마(Melissa Venema)가 열세 살 때 연주한 곡입니다. 꺼져가는 숯불 속에서 마음이 숙연해집니다. 친구는 들어보았다는 듯 연신 고개를 끄덕이며 두 눈을 감습니다. 군대에 있을 때 들었던 취침 나팔 소리입니다. 더 이상 무슨 갈을 할 수 있을까요. 밤하늘을 조용히 이야기할 수 있는 그런 곡입니다. 어찌 도면 묻어버리고 싶어도 묻지 못하는 아픔입니다. 이 곡의 탄생 배경처럼 말입니다. 미국 남북 전쟁 당시 어두운 밤이었습니다. 적군인지 아군인지 구별할 수 없는 깊은 숲속, 한 대위가 부상으로 신음하는 병사를 치료하라며 위생병을 불렀습니다. 하지만 끝내 부상병은 죽고 말았습니다. 어둠 속에서 손전등을 비춰 얼굴을 확인한 대위는 깜짝 놀라고 말았습니다. 적군인 병사가 바로 자신의 아들이었기 때문입니다. 음악을 전공하던 아들이 아버지의 허락 없이 입대했기에 마주하게 된 티극적인 상황이었습니다. 바지 호주머니에서는 아들의 악보가 발견되었습니다. 적군이었던 아들, 상관의 특별 허가로 장례식을 치를 수 있었습니다. 대위는 아들을 위해 군악대를 지원해달라고 요청했지만 적군이라는 이유로 거절당하고 말았습니다. 대신 상관은 특별히 군악병 한 명만을 허락하였습니다. 나팔수를 선택한 대위는 악보를 건네주며 연주를 부탁했고 무사히 아들의 장례식을 거행할 수 있었습니다. 장례식 이후 이 악보는 미국 전역으로 퍼져 나갔고, 진혼곡이자 취침 나팔 소리로 남군과 북군의 병영에서 매일 밤하늘을 수놓았다고 합니다. 1964년, 이탈리아의 트럼펫 명연주자인 니니 로소(Nini Rosso)가 재즈풍으로 연주한 '밤하늘의 트럼펫'으로 세계에 널리 알려지게 되었습니다. 소주 한 잔이 더해집니다. 시어머니와 며느리. 삶의 마지막 순간까지 두 분은 끈끈한 동반자였습니다. 고된 일을 하고 집에 들어올 때면 두 사람의 밥상에는 늘 소주 두 잔이 난겼습니다.

"죽으려야 죽을 수 없다. 자식 먼저 앞세운 네 할머니를 두고."
"할머니 언제 죽어? 빨리 죽어부라고, 우리 어매 그만 고생시키고."
늘 입버릇처럼 말하던 친구였습니다. 친구들이 그 소리를 들을 때면 문할 놈의 새끼라며 욕을 했습니다. 하지만 어쩌면 지긋지긋한 삶의 애환이 아니었을까 싶습니다. 제 몸도 못 가누는 노인이 시어머니 노인을 모시고 살았으니 말입니다. 전생에 뭔 업이 있었는지 모르겠다던 친구.

"소주가 없었다면 두 할매는 어떻게 살았을까나."
말없이 주고받는 시어머니와 며느리의 술잔 속에 하고 싶은 이야기가 다 녹아 있었을 것입니다. 시어머니와 며느리는 시간 차를 두고 한날에 돌아가셨습니다. 어느새 자신도 두 분을 닮았다는 듯, 친구는 소주 됫병을 마시며 산다고 합니다. 세월을 이겨내는 소주는, 그들에게 치열한 삶의 도구였습니다.
비가 그치고 밤하늘에 별이 떴습니다. 트럼펫 소리가 바닷바람에 날려갑니다…….

"속 풀어라! 한 사발 마셔라. 네가 좋아하는 차 달인 물이다."

사람들은
꽃들이 흘리는 눈물을
꿀이라 불렀습니다

존 다울런드의
라크리메Lachrimae 중
슬픈 눈물Lachrimae Tristes

달콤한 봄날의 아이스크림처럼 꽃들이 지천에 피었다 지고, 또 피었다 집니다. 들판의 야생화나 정원의 꽃나무나, 피었다 지는 사람의 삶처럼 흘러가고 사라집니다. 봄날이면 꽃들은 화려한 자태를 뽐냅니다. 화려함이 더하면 더할수록 마음의 정수리에는 기쁨이랄까요, 슬픔이랄까요, 눈물이 흘러내립니다. 진달래꽃 물을 빨아 먹는 사람들. 벌들은 그 맛을 잊지 못해 윙윙거리며 촉수를 들이밉니다. 평상시 꽃가루를 먹고사는 벌은 먹을 것이 없는 긴 겨울을 나기 위해 꿀을 모읍니다. 과실수들은 자신만의 향기를 발산합니다. 벌들을 유인하기 위해, 기꺼이 자신의 운명으로 받아들입니다. 수정(受精)의 아픔일까요, 환희일까요? 윤기 나며 끈적끈적한 그 눈물의 깊이를 누가 알 수 있을까요. 뜨거운 햇살 아래서 그 눈물들은 더욱 빛이 납니다. 눈물 속에 피어나는 꽃인 것입니다.

**"흘러라 나의 눈물이여(Flow, my tears),
 한없이 흘러라(Fall from your springs!)."**

존 다울런드의 〈라크리메〉 중 '슬픈 눈물'입니다. 기도하는 성당의 공간이랄까요. 첫 마디부터 감정이입이 파도처럼 격하게 끌어당깁니다. 엄숙하듯 침울함이 감도는 슬픈 선율, 만돌린 형상의 류트(Lute)가 만들어내는 묘한 마력. 고요함 속에서 절규하는 눈물이 고여 있습니다. 비올라와 류트의 화음. 열정은 한순간이며, 인내해야 하는 긴 고독의 시간들을 넌지시 던져주고 있습니다.

화음과 화음으로 이어지는 슬픈 선율이 아름답습니다. 이 곡은 더-울런드가 16세기 당시 유행했던 자신의 가곡 〈흘러라 나의 눈물이여〉를 기악 합주용으로 편곡한, 비올라와 류트를 위한 '7개의 눈물' 중 하나입니다.

『라크리메, 혹은 일곱 개의 눈물Lachrimae, or Seven Teares』은 옛 눈물Antiquae, 새로운 옛 눈물Antiquae Novae, 한숨의 눈물Gementes, 슬픈 눈물Tristes, 거짓 눈물Coactae, 연인의 눈물Amantis, 진실의 눈물Verae로 이루어져 있습니다. 7곡 모두 처음 일곱 마디가 같은 테마인 "흘러라 나의 눈물이여"의 기본 멜로디로 시작합니다.

영상 속에 떠오르는 그림자가 오후의 석양을 넘나듭니다. 눈물과 한숨, 신음으로 지새운 날들, 모든 기쁨은 사라졌네. 서정미가 넘치는 서적 멜로디가 역설적으로 다가옵니다. 나의 희망은 희망이 아니었다고 말하는, 열정적인 슬픔의 눈물입니다. 눈물이 던져주는 삶의 인생사. 여러 가지 눈물의 의미가 선율 속에 휘날려 갑니다. 사람들은 꽃들이 흘리는 눈물을 꿀이라 불렀습니다. 꿀은 달콤했고 한순간이었습니다. 열매를 맺는다는 것, 거긴 긴 시간이 필요한 일입니다. 아픔이 있고 웃음이 있지만, 나를 참는 인내야말로 긴 싸움이 아닐까요. 조금씩 한 발자국 걸을 때마다, 한 방울 한 방울 내 눈물이 만들어집니다. 그 눈물이 무엇이었든지 자신에게는 열매인 것입니다. 좋고 나쁜 것을 떠나 자신의 삶이 잉태한 소중한 눈물인 것입니다. 눈물은 매일, 매년 만들어지고 사라져갑니다. 꽃은 사람이었고 사람은 꽃이었습니다. 꽃에는 향기라는 꽃가루와 꿀이 있습니다. 꿀벌, 땅벌, 호박벌, 말벌 등 수많은 벌들이 유혹이라는 얼굴로 그 주위를 날아다녔을 뿐입니다. 그 유혹 속에 피어나는 열매. 꿀은 꽃이고 사람은 꿀이었습니다. 사람들은 생을 마감할 때야 비로소 마지막 꿀, 눈물을 남깁니다. 그 꿀이 달콤했을까요. 시린 맛이었을까요, 아리고 쓰디쓴 맛이었을까요. 고요한 찻잔에 나를 비춰봅니다.

Lachrimae Tristes

숙우회 소장

바람에
휘날리는
꽃잎

본 윌리엄스의
푸른 옷소매 환상곡 Fantasia on Greensleeves

매화꽃이 피었습니다. 꽃이 피어 봄을 알리고 이슬비를 불러냈습니다. 이슬비에
젖은 매화꽃은 흠뻑 자태를 뽐내며 향기를 드날립니다. 거센 바람이 불지 않아서
좋습니다. 바람에 휘날리는 꽃잎도 아름답지만, 조금은 더 오래 머물러 있으라
고 기도합니다. 매화는 예부터 선비들에게 은둔과, 세상 어떤 것에도 굴하지 않
는 지조를 상징해 왔습니다. 그러나 무엇보다 매화는 시와 화폭에 그려진 것처
럼 아름다운 여인으로 표상되었습니다. 청초한 자태와 그윽한 향기를 물씬 머금
은 청순과 순결의 이미지입니다. 이규보의 한시 〈매화梅花〉에서도 그 모습을 찾
아볼 수 있습니다.

"옥 같은 살결엔 아직 맑은 향기 있어(玉肌尙有淸香在),
 약을 훔쳤던 달 속의 미녀 항아의 전신인가(竊藥姮娥月裏身),"

엄동설한을 견디며 피어나는 자신의 삶과도 같은 순수의 결정체이자 동경의 대상. 이 모든 것은 매화가 풍기는 청순하고 고귀한 자태에 매료되었기 때문일 것입니다. 수줍은 얼굴의 매화꽃이 본 윌리엄스(Ralph Vaughan Williams, 1872~1958)의 환상곡, '푸른 옷소매'의 향기를 따라가게 합니다. 상쾌한 물결이 대지를 물들이는 선율입니다. 16세기 영국의 민요인 '푸른 옷소매'에서 영감을 얻어 환상곡을 작곡했습니다. 신선한 느낌, 새로움을 찾아 나서는 이방인의 꿈결이 느껴집니다. 꿈을 찾아 나서는 초원의 길. 무언가가 있고 그리움으로 가득한 사랑이 잔잔하게 흐릅니다. 서정적인 민요 가락이 아름답습니다. 애틋함을 가져다줍니다. 16세기부터 애창되어 온 이 곡은 셰익스피어의 희곡 《윈저의 즐거운 아낙네들》을 바탕으로 한 4막짜리 오페라 〈사랑에 빠진 존 경〉에 사용되었습니다. 또한 오늘날까지 수많은 영화의 배경 음악으로 사용되어 오고 있습니다. '푸른 옷소매'라는 단어만 보더라도 연상되는 이미지들이 상상의 나래를 자극하고도 남습니다. 영국에서 전해지는 이야기이지만, 비운의 왕비인 헨리 8세의 연인 앤 불린(Anne Boleyn)을 노래한 것이라고도 합니다.

봄비에 활짝 핀 매화 꽃이 떨어지고 열매를 맺을 때면 푸른 매실이 즈렁주렁 열립니다. 그 열매 또한 청초함으로 가득합니다. 자신을 보호하기 위한 가시들이 촘촘히 숨겨져 있습니다. 어찌 보면 꽃이 떨어진 후에 열리는 열매 역시 '푸른 옷소매'가 아닐까 싶습니다. 어떤 이는 매화꽃을 말려 녹차와 함께 그 향기를 음미하며 마시기도 합니다. 매화꽃이 봄을 알리는 전령사이듯, 봄은 숱한 꽃으로 태어납니다. 산, 들, 강, 낭떠러지, 벽돌 틈새에도 꽃이 핍니다. 꽃은 자리를 탐내지 않습니다. 지천 어디에서든 피어납니다. 고구마, 감자, 호박, 상추도 꽃을 피웁니다. 못생기고 잘생긴 것 없이 모두 예쁜 꽃입니다. 출신 성분도 가리지 않습니다. 높고 낮음 없이 모든 사람이 좋아하는, 세상의 아름다운 꽃입니다. 꽃에게서 피어나는 사랑, 소망, 기쁨, 아름다움, 애절함 등이 있습니다. 꽃말들이 전해주는 이야기. 꽃의 모든 것이 사람의 마음속에 자리하며 살아가고 있습니다. 우리가 꽃을 대하듯, 사람과 사람 사이에도 예쁜 꽃으로 피어났으면 합니다. 사람이나 꽃이나 결국 모두 한 송이 꽃이기 때문입니다. 창밖으로 동백나무가 보입니다. 사시사철 푸른 옷소매로 반겨줍니다. 꽃망울이 맺혔습니다. 머지않아 붉은 춘백(春栢)으로 얼굴을 내밀 것입니다.

고독을 즐기며
인내를 배웠습니다

안톤 브루크너 교향곡 4번
낭만적Romantic

샘솟는 생명의 원천, 봄입니다. 여전히 매정한 바람은 사무칠 줄 모릅니다. 오랜만에 숲을 찾았습니다. 마른 나뭇가지 위로 새싹들이 고개를 내밀었습니다. 새들은 노래하고 아침 향기는 제 심장을 파고듭니다. 계곡물 소리가 참으로 신선합니다. 청설모가 기웃거립니다. 홀로 걷는 이 숲길이 아련하게 제 시야를 떠나지 못합니다. 모든 것을 잊을 수 있을 거라던 망상은 사라지지 않고 남았습니다. 누구에게나 소중한 것이 있습니다. 제 젊은 날의 시간들로 가득 찬 산사(山寺)입니다. 숲은 변하지 않고 그대로 머물러 있습니다. 변한 건 저 자신의 삶과 얼굴뿐입니다. 걷다 보니 매일 뛰어놀며 단잠을 청했던 반석에 다다랐습니다. 아마도 제 삶에서 가장 즐거웠던 시간의 놀이터였을 것입니다. 그곳에서 고독을 즐기며 인내를 배웠습니다. 화가 무엇인지, 욕망이 무엇인지, 그 순간을 참아내면 모든 것이 자유롭다는 것을 깨달았습니다. 뭐든지 좋다는 것, "그려, 그려." 산사의 숲은 그 "그려"라는 넉넉함을 가르쳐주었습니다. 자연의 숲이 좋은 건, 사람을 '생각 없는 사람'으로 비워낸다는 것입니다. 이것처럼 행복한 것이 어디 있을까요. 숲의 짙은 향내음. 저만이 알고 있는 오솔길, 이 숲의 모든 것이 그리웠습니다. 그 시절은 제게 무엇을 이야기하고 있을까요.

느린 선율이 산등성이를 걷는 제 발걸음에 보조를 맞춥니다. 홀로 숲을 걸으며 리듬과 함께하는 맛, 더할 나위 없이 즐겁습니다. 브루크너의 교향곡 4번 '로맨틱' 2악장입니다. 잔잔한 물결이 흐릅니다. 교회 음악가였던 브루크너. 그는 일찍이 어린 시절부터 구도자의 길을 걷고 있었던 것입니다. 선율은 그에게 기쁨과 슬픔을 비롯한 내면의 이야기를 가져다주었을 것입니다. 순수한 내면의 이미지. 비올라의 숨소리로, 때론 첼로의 목소리로 그 길을 걸었을 것입니다. 자연을 품속에 담은 전원풍의 숨결은 목관악기로 이어집니다. 낭만주의 성향의 목가풍, 자연을 닮은 그의 정신세계, 선율이라는 거대한 메시아의 길입니다. 깊은 적막에 싸긴 산사의 그늘처럼 숙연한 자세로 명상에 들었을 것입니다. 숲이 전해주는 고요함처럼 수도원의 적막함은 그를 무아의 경지로 들어서게 했을 것입니다.

선율이 갑자기 끊어진 리듬의 세계. 오선지에는 음표가 없습니다. 음악가들은 이 정적인 것을 '휴지(休止, 잠시 쉬었다가 다시 전개되는 멈춤)'라 부릅니다. 고장된 표현일지 모르지만, 그에겐 모든 것을 넘어선 해탈의 경지가 아니었을까 싶습니다. 소박한 호른(Horn)의 울림이 서정적인 인상으로 남습니다. 기도하는 사람의 내면, 그 넓고 무한한 영역의 길을 어찌 다 알 수 있을까요. 교향곡 4번 '로맨틱'. 전 악장을 들어보자면 우리가 생각하는 일반적인 로맨틱과는 거리가 멀다. 하지만 2악장의 매력에는 들으면 들을수록 빠져드는 묘한 마력이 있습니다. 구도자의 서정적인 내면의 길이 잔잔하게 흘러 들어오기 때문입니다.

삶은 걷고 또 걷는 것이라 합니다. 자신의 본모습을 잃지 않기 위해 끝없는 정진이 필요하다고 합니다. 변하지 않는 나무의 숨결, 숲이 가지고 있는 편안함. 이 숲에는 생동하는 존재자들이 꿈틀거리고 있습니다. 발걸음도 조심스럽습니다. 젊은 날의 제 청춘이 이 숲에 자리하고 있으니까요. 제 삶의 자양분이 되어 주었던 나무들, 아침저녁으로 보듬고 어루만지던 나무들. 생명의 계절에 여전히 그 자리를 지키고 있습니다. 참으로 많은 시간이 흘렀습니다. 이 숲의 존재자들은 웅덜웅얼 오늘도 구도자의 길을 가고 있습니다. 멀리 큰 절의 종소리가 울려 퍼집니다. 젊은 날의 내 삶은 과연 로맨틱했을까요.

Benedictus qui venit in nomini

시간은
소리를 만듭니다

브람스
피아노 협주곡 제1번 Op. 15

봄비가 내립니다. 가슴을 촉촉이 적시는 자연의 물결, 숨소리. 해맑은 어린 아기
웃음처럼 스멀스멀 다가옵니다. 봄비, 봄날의 아름다움입니다. 미세한 바람은 그
저 스쳐 지나갈 뿐입니다. 창밖에 펼쳐진 숲. 우아한 피아노 선율처럼 고요한 정
중동(靜中動)의 시간이 숲에 머물러 있는 것 같습니다. 소나무 숲에 내리는 비, 대
나무 숲에 내리는 이슬비. 그 아름다움이 어디 따로 있겠습니까. 자연 속에 머물고
있습니다. 침묵이라는 향기 속에 그 맛을 음미합니다. 봄비가 그치면 싱그러움으
로 새롭게 태어날 숲입니다. 그윽한 차 향기를 마시며 창문을 엽니다. 봄비가 선
사하는 대자연의 풍경은 한 폭의 수묵화입니다. 나뭇가지들이 미세한 바람에 흔
들립니다. 지금 이 순간 나를 만들어 주는 시간. 자연의 소리를 느낄 수 있는, 봄비
가 그리는 시간의 예술입니다. 시간을 만들어 내는, 시간을 그리는 마술사입니다.
시간은 소리를 만듭니다. 브람스의 피아노 협주곡 1번입니다. 2악장 서두, 저음
의 협주가 감미롭습니다. 바순과 클라리넷, 목관악기의 매력.

딱딱하지 않은 달콤함 속에 경외감이 밀려옵니다. 은근슬쩍 무언가를 만지고 싶은 충동, 봄비가 들려주는 상냥한 맛과 같습니다. 화려하지 않은 차분함, 애절함으로 피어나는 피아노 독주. 간지러움에 몸이 오그라드는 듯한 촉촉한 빗소리를 듣는 것 같습니다. 피아노 협주곡이지만 목관악기들의 뒷받침이 서정적인 아름다움으로 더욱 빛을 발합니다. 보통 협주곡이라 하면 피아노, 바이올린 같은 독주 악기가 화려한 주인공으로 등장합니다. 하지만 이 곡은 피아노보다 목관악기, 즉 관현악의 조화가 더 돋보이는 배경의 선율입니다. 어찌 보면 성당 안의 미사곡 같은 느낌을 받습니다. 하기야 전해지는 이야기에 수긍할 수 있는 대목입니다. "나는 당신의 초상화를 그렸습니다"라고 브람스가 클라라 슈만에게 고백한 간접적인 사랑의 고백. 또한 "주의 이름으로 인하여 오는 자에게 축복 있으라 Benedictus qui venit in nomine Domini"라는 기도문을 써넣었다가 나중에 지워버렸다고 전해집니다. 클라라를 향한 브람스의 사랑은 널리 알려져 있습니다. 그런 이유에서일까요. 선율에는 동경과 순수, 따스함으로 가득한 아름다움이 있습니다. 피아노와 함께 어우러지는 목관악기들의 서정적인 조화, 돋비마냥 감미롭기까지 합니다.

시간은 향기를 불렀습니다. 120여 년을 뛰어넘은 브람스, 낭만주의 거장. 소리는 시간을 거슬러 올라갑니다. 시간은 그 시대를 비추고 그 사람의 이야기로 널리 퍼집니다. 시간은 순수했던 사랑을 찾았고 브람스를 떠올렸습니다. 소리라는 시간의 장벽을 뛰어넘어 오늘날까지 회자됩니다. 시간은 우리가 살아가는 영원한 주제입니다. 시인과 소설가의 한 언어 속에서, 화가의 강렬한 색채에서, 사진 속의 한 장면에서 머뭅니다. 그렇지만 머물렀다고 영원히 머문 것은 아닙니다. 잠시 숨 고르기를 할 뿐입니다. 작곡가 엔니오 모리코네가 살려내는 〈시네마 천국〉처럼 시간은 고요 속에 움직이고 있습니다.

시간은 소리 없는 아우성입니다. 그림을 그리는 것처럼 채색합니다. 다듬고 다듬는 언어의 길입니다. 지금 이 시간, 봄비 내리는 날입니다 시간을 그리는 매 순간입니다. 시간을 설계하고, 시간을 그립니다.

想像

상상想像은
현실이 됩니다

**슈만
바이올린 협주곡 2악장**

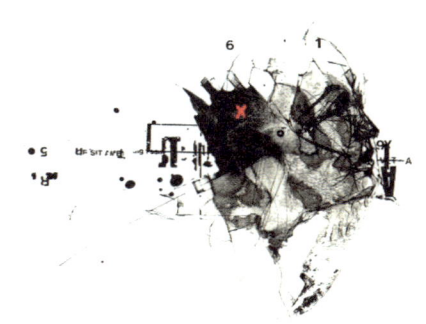

아득한 비 먼저 해를 재촉하는데, 산 깊어도 종소리는 울려 퍼진다.
꽃향기 연이어 은은히 스며오고, 버들 그림자 겹겹이 드리웠구나.
오리는 물을 만나 기뻐 노닐고, 제비는 진흙 물고 게을리 난다.
봄 구름은 또한 일이 많기도 해라, 누굴 위해 검고 희게 단장하는가.
서거정의 『사가시집(四佳詩集)』 중 '우용전운(又用前韻: 또 전운을 사용하여)'

상상의 세계. 눈 감으면 그려지는 풍경들. 꿈속에서 마주하는 시상(詩想)의 아름
다움입니다. 아련히 물밀 듯 밀려오는 연꽃 저수지의 물안개 같습니다. 조금만 눈
감으면, 뒤돌아보면 그윽한 매혹으로 달려오건만 그리 참지 못하고 맙니다. 비가
오는 날이면 하루 종일 비 내리는 모습만 바라봅니다. 예쁜 들꽃이 피었으면 쪼
그려 앉아 다리가 저리도록 물끄러미 쳐다봅니다. 마주한다는 것, 가슴속에 담아
둔다는 것, 그 향기에 물들어 간다는 것, 이 모두가 메마른 마음에 환희를 가져다
줍니다. 숨길 수 없는 본능의 힘에 이끌려갑니다. 시인의 눈을 가지려 합니다. 시
인의 마음을 담고자 합니다. 나른한 봄날의 햇살이 되고자 했습니다. 그것이 한낱
꿈이라 할지라도 말입니다.

슈만. 그 이름만으로도 낭만적인 아름다움이 가득합니다. 왠지 어린아이마냥 아장아장 걷는, 길 위의 인생길. 슈만의 이야기가 가물가물 피어오릅니다. 몽롱한 그림자들이 아른거립니다. 어디에 있는지, 어디를 향해 가는지, 구름 속의 산책입니다. 무의식적인 흐름의 세계, 이탈된 영혼의 세계로 손짓합니다. 오묘한 바이올린 선율. 홀로 강물 속으로 뛰어들었던 슈만. 사람들은 구조된 그에게 자살 행위였다고 달했습니다. 하지만 슈만에겐 환상의 물속, 혹은 환상의 섬을 향한 발걸음이었는지도 모릅니다. 느리고 느린 감성의 여운들로 가득 찬 곡. 한 편의 아름다운 시입니다. 천사가 불러주었다는 노래, 그 노래를 곡에 담았습니다. 늘 문학적 상상력이 풍부했던 슈만입니다. 그 열정은 자아도취적 성향으로 나아갔습니다. 자신에게 반하고 자신을 위로하는 나르시시즘. 상상의 나래에 갇힌 자아의 산물이라 생각합니다. 사색에 잠긴 영혼의 이야기. 천사들이 모여 있는 천국의 쉼터입니다. 슈만은 꿈속을 보라고, 꿈속에 모든 것이 있을 거라고 속삭이며 노래 부릅니다. 슈만은 시인이자 화가였으며 몽상가였습니다. 상상 속에 모든 것이 있을 것이며 곧 현실이 될 거라고 유혹합니다. 감미롭고 매혹적인 목소리, 바이올린은 그 길을 인도합니다.

상상은 현실이 됩니다. 어느 광고 카피가 그것을 말해주고 있습니다. 상상이 있다는 것은 우리가 살아 있다는 증거입니다. 현실 속에 상상이 있고 상상 속에 현실이 존재합니다. 무엇이든 할 수 있다는 것입니다. 나 자신이 살아 있음을 알려주는 것입니다. 상상의 나래를 노래하십시오. 모든 이들이여……

사랑하는 봄이
저 멀리 떠나갑니다

볼프 페라리
성모의 보석 간주곡 제1번

그리움으로 젖어 드는 봄날의 이슬비. 이른 새벽의 안개비. 풀잎은 이슬방울에 스스로 드러눕고 나뭇잎은 머리를 숙입니다. 제겐 그저 홀로 견뎌야 하는 시간의 연속입니다. 내 것이 아닌 것이, 내 것처럼 왔다가 사라집니다. 차라리 매몰찬 장대비였으면 좋으련만, 따사로운 봄 햇살에 속절없이 흩어져 버립니다. 어디로 향하고 있는지, 무엇을 꿈꾸는지 종잡을 수 없는 망각의 회로들. 때론 살아 있다는 것이 슬픈 일입니다. 사람과 사람 사이의 일인지라, 나이를 먹을수록 만나는 사람은 줄어들고 이별하는 사람들은 늘어납니다. 가슴으로 삼켜야 하는 눈물들이 많아집니다. 나무를 부둥켜안고 숲을 거닐며 책을 읽습니다. 밭에 채소를 심고 조각칼을 들어봅니다. 세상을 향했던 마음은 어느새 작은 새가슴으로 남았습니다. 사랑하는 사람들이 떠나갑니다. 텅 빈 가슴, 그대는 어디에 있습니까. 밤이면 그대들의 실루엣이 더욱 아른거립니다. 그대 없는 곳에서 사랑스러운 그대와 함께 있습니다. 침묵과 기도의 시간들이 많아집니다. 산이 울고 바다가 웁니다. 하늘이 울고 땅이 웁니다. 사람인지라, 욕망이 사라진 후에 홀로 남아 기도할 뿐입니다. 볼프 페라리(Ermanno Wolf-Ferrari)의 '성모의 보석(The Jewels of the Madonna) 간주곡 제1번'. 누군가를 찾는 고독 속에서 울리는 선율입니다. 그리움으로 가득 채워진 눈동자는 애원합니다. 간절함은 탄식과 함께 진한 호소력으로 이어집니다. 사랑은 환희보다는 고통스러운 것이라고, 쾌락은 한순간이지만 아픔은 영원하다고 속삭입니다.

사-랑의 기쁨, 이별의 슬픔, 그러나 젊은 날은 아름다웠다고 호소합니다. 가슴 아픈 사랑의 이야기는 아름다운 멜로디로 울려 퍼집니다. 정표. 젊은 날 욕망으로 가득 찼던 사랑의 정표. 사랑하는 이들에겐 그들만의 애틋한 흔적이 있습니다. 볼프 페라리의 오페라 '성모의 보석'은 사랑의 정표로 성모 마-리아의 보석을 훔친다는 비극적인 이야기입니다. 이복남매의 금지된 사랑. 고아 마리엘라는 양모의 학대를 견디다 못해 자기를 사랑해 주는 수양 오빠 제날로마저 버리고 비밀결사 단원인 라파엘로에게로 갑니다. 제날로는 성모의 보석을 훔쳐 한때 그녀의 환심을 샀습니다. 그러나 마리엘라는 또다시 라파엘로에게로 달려가 보석의 비밀을 말하고 바다에 돌을 던집니다. 제날로 또한 죄의 두려움에 자살을 하고 맙니다. 그러나 극의 파국적인 내용과 전혀 다른 이 간주곡은, 참으로 아름답고 몽환적인 선율입니다.

우리에게도 처절했던 지난날의 욕망이 자리하고 있습니다. 그것이 무엇이었는지는 모르지만, 그 속에는 각자의 희로애락이 숨 쉬고 있습니다. 이제 홀로 있는 시간, 절대 고독의 시간을 즐깁니다. 혼자라는 것은 외로움이지만, 홀로 있다는 것은 자신을 성찰하는 것입니다. 그리움도 사랑도, 모든 사람과의 관계도 저 멀리 내던지는 것입니다. 벽을 바라보는 절대 고독의 시간은 곧 나를 만나는 것입니다. 나를 만나는 것은 내면의 참된 나를 찾는 일입니다. 내면의 나와 함께 즐기는 것, 홀로 있는 고독의 무지개입니다. 내 안의 나.

The Jewels of the Madonna

너답게
세상에 존재했는가

베토벤
바이올린 협주곡 작품번호 61. 2악장

존재했어?

긴 가뭄 끝에 비가 내렸습니다. 들판의 야생화들이 파릇파릇 생기를 찾았습니다. 유독 길었던 봄날의 가뭄이었습니다. 산의 나무들은 시원한 호흡으로 비에 화답했습니다. 들판의 야생화들은 사람을 찾지 않습니다. 사람들이 꽃을 찾아갈 뿐입니다. 나무들은 사람들을 유혹하지 않습니다. 단지 사람들이 다가가 경외의 눈빛으로 바라봅니다. 그들은 사람들에게 자신이 누구인지 설명하지 않습니다. 사람들이 이름 모를 꽃과 나무들에게 임의로 이름을 부여했을 뿐입니다. 자신들의 뜻과는 아무런 상관없이 말입니다. 정작 그들은 자신을 드러내고 싶지 않았습니다. 그저 묵묵히 그 자리에 서 있었고, 꽃을 피웠을 뿐인데.

봄이 되니 무수한 사람이 산을 찾습니다. 고사리, 버섯, 황칠, 두릅, 느릅. 온갖 나물들의 보고(寶庫)인 산. 사람들이 산을 찾으니 새들이 날아가고 고라니와 멧돼지들이 터전을 잃었습니다. 사람들이 들이닥치니 산은 활활 타오르는 불길 속에 순식간에 사라지기도 합니다. 산이 사람들을 부르지 않았습니다. 그저 그 자리에 있었을 뿐입니다. 그들만의 환경과 고유한 삶으로. 세상에는 드러나고 싶지 않은 사람도 있습니다. 그런데 세상이 그를 벼랑으로 몰고 갑니다. 그는 그저 자신의 삶 속에 온전히, 그리고 재미있게 존재하고 있었는데 말입니다. 산이 사라져 갑니다. 숲속의 모든 나무들이 그러하듯.

감미로운 이야기들이 2악장의 서막을 암시합니다. 물 흐르듯 협주자들의 호흡이 울려 퍼집니다. 경이로움, 종교적인 경건함이 대지에 혼을 불어넣습니다. 베토벤의 바이올린 협주곡 2악장. 베토벤의 유일한 바이올린 협주곡입니다. 우아합니다. 고혹적입니다. 세상 모든 이의 영혼을 어루만지는 손길입니다. 광활한 대지보다는 숲속의 생명 하나하나에게 다가가는 섬세한 바이올린의 입김입니다. 듣다 보면 자신도 모르게 겸손해집니다. 그만큼 선율은 누군가에게 깊은 영감을 주며 빠져들게 합니다. 영적 경지의 산물입니다. 살아 숨 쉬는 모든 것들에 대한, 삶의 여정에 대한 존재의 애틋함입니다. 들릴 듯 말 듯 심오한 영역의 울림, 홀로 묵도하게 만드는 시간. 겸허한 절대자의 아름다운 목소리가 묻습니다.

"세상의 모든 이여, 거기 있었는가. 내 안에 호흡하소서."
 이어령 교수는 남겼습니다. '너 존재했어?', '너답게 세상에 존재했어?',
 '너만의 이야기로 존재했어?'

눈을 감게 만드는 묵시록이었습니다. 자신을 돌아보는 것, 누군가에게 나를 드러내 보이는 것. 때로는 부끄러움입니다. 굳이 설명할 필요가 없는 일입니다. 세상을 살아간다는 것은 부끄러움을 안고 가는 과정입니다. 허나 사람들은 늘 자신을 이야기하고자 합니다. 자신을 드러내는 것이 살아 있다는 증명이라 여깁니다. 『감옥으로부터의 사색』에서 신영복 선생은 이렇게 언급합니다. "남에게 자기를 설명하려고 하는 충동은 한마디로 자기 자신에 대한 자신감의 결여를 반증하는 것입니다." 굳이 남에게 설명하려 하지 말라는 뜻입니다. 변명할수록 자신만 추해지고 말 것입니다. 세상의 온갖 소리를 견디며 나만을 지키는 일.

시간이 흐르면 모든 것은 자연스럽게 드러나기 마련입니다. 무엇이 '나다운' 것일까요. 나 자신을 지키는 일, 어떤 유혹에도 흔들리지 않는 나의 참모습을 찾아가는 것입니다. 나만의 삶, 나만의 이야기로 살아갈 때, 세상은 소리 소문 없이 내 곁에 조용히 머물러 줄 것입니다.

Rhapsodie

봄의 아름다움은
가둬둘 수 없습니다

라흐마니노프
파가니니 주제에 의한 랩소디 중 제18 변주

봄바람이 드셉니다. 허전한 마음이 듭니다. 물이 가득 찬 작은 저수지. 지난 며칠
간 벌어진 일에 비하면 너무나 평온합니다. 저수지 옆에는 5백 평 정도 되는 밭이
있고, 그 옆에는 3천 평이 조금 넘는 나지막하고 아담한 산이 있었습니다. 소나
무, 향나무, 벚나무 등을 비롯해 덩굴식물들이 숲을 이루는 작은 산. 여름이면 더
위를 피해 저수지와 산을 찾았습니다. 어쩌다 낚시하는 사람들도 보이곤 했습니
다. 무엇보다 물이 있으니 고라니들의 은신처나 다름없었습니다.

2주 전. 기계톱 소리가 들리더니 베어진 나무들이 트럭에 실려 나갔습니다. 굴착
기가 등장하고 산을 깎기 시작했습니다. 깎인 흙은 덤프트럭에 실려 밭으로 옮겨
졌습니다. 다음 순서는 불도저였습니다. 덤프트럭에 옮겨진 흙들을 고르게 하는
평탄 작업이 이어졌습니다. 울창한 산이 휑하니 바람처럼 사라지는가 싶더니 어
느새 밭으로 바뀌어 버렸습니다. 불과 2주 만에 순식간에 벌어진 일입니다. 아마
존 열대 우림이 사라져 갑니다. 사람에 의해 산이 사라져 갑니다. 강물이 댐으로
바뀝니다. 대자연이 파괴됩니다. 대자연은 인간에게 말하지 않습니다.

말이나 행동을 겉으로 드러내지 않습니다. 그저 은연중에 뜻을 드러내는 묵시(默示)의 눈빛을 보낼 뿐입니다. 성경에는 묵시록이 존재합니다. 하나님이 계시를 내려 그의 뜻이나 진리를 알게 해 주는 일. 어쩌면 이 현상들이 대자연이 던지는 묵시록일지도 모릅니다 숲을 파괴한 사람들은 사시사철 산을 찾고 바다로 가서 휴식을 만끽합니다. 좋은 경치를 감상하며 콧노래를 부릅니다. 광활한 대자연 앞에서, 마치 그 누구도 넘볼 수 없는 아바타의 신세계인 양 환상의 세계에 빠집니다. 이제 매일 마주하던 산이 없습니다. 이 순간 선율이 흐릅니다. 리듬은 오칩니다. 놀랍고 경이로워라, 아름다운 이 세상. 라흐마니노프의 '파가니니 주제에 의한 랩소디'입니다. 랩소디(Rhapsodie)는 보통 광시곡으로 번역되며, 음악적으로는 주로 서사적, 영웅적, 민족적 색채를 지닌 자유로운 형식의 환상곡풍 음악을 뜻합니다. 그중 18번 변주곡은 우리나라 사람들이 가장 좋아하는 클래식 명곡 중 하나입니다. 눈을 감고 꿈꾸게 하는 환상곡입니다. 사람들이 산과 강을 파괴해도, 하늘을 날고 있는 이 선율만큼은 파괴할 수 없습니다. 그 아름다움은 결코 가둬둘 수 없습니다.

이제 밭으로 변해버린 산이지만 그 옛 기억은 사라지지 않습니다. 작은 저수지에 봄이 오면 안개구름이 피어올랐습니다. 피어오른 구름은 살짝살짝 나지막한 작은 산을 물들였습니다. **내 눈앞에 펼쳐지는 무릉의 세계였습니다. 아른거리는 울림은 누구에게나 영원한 것입니다. 지워질 수 없습니다. 산이 내게 가져다준 것, 놀랍고 신비롭고 환상적인 미로라고 이야기하고 싶습니다. 라흐마니노프가 연주하는 파가니니 랩소디처럼, 환희의 물결이 기웃거립니다.**

또다시 눈을 감습니다.

자연의 숨결은 부르지 않아도 옵니다. 때가 되면 자연스럽게 와 있습니다. 자연의 생태계는 잘난 척하지 않습니다. 경망하지 않습니다. 아쉬워하지도 않습니다. 봄입니다. 서리가 내린 아침이지만 이미 들꽃이 솟아올랐습니다. 여린 자줏빛이 호흡합니다. 애기똥풀마냥 앙증맞습니다. 꽃은 피우라 해서 피어나지 않습니다. 스스로 때가 되면 소리 없이 환한 웃음으로 다가오는 신비로운 봄날의 꽃입니다. 그저 계절에 따라 피고 지는 삶이 있을 뿐. 이미 봄, 그 따가 온 것입니다

Antonín Dvořák

들꽃에게는
그 누구도 알지 못하는
사랑이 있습니다

안톤 드보르자크
현을 위한 세레나데 4악장

꽃들의 계절이 돌아왔습니다. 들녘 여기저기 우후죽순 피어나는 들꽃들. 보슬비에 생기가 도는 노란 민들레 꽃잎을 웅크리고 앉아 넌지시 바라봅니다. 철쭉, 진달래, 영산홍 등이 피어나고 지지만, 무엇보다도 시선을 끄는 매력은 야생 들꽃들입니다. 들꽃은 종류가 많아 이름도 제대로 알지 못하지만, 분명한 것은 가꾸지 않아도 스스로 일어서는 생명력입니다. 그 누구 하나 관심을 주지 않아도 서운해하지 않습니다. 그저 본연의 삶을 살 뿐입니다. 사람들이 고사리처럼 민들레도 약용이나 식용으로 채취해 가지만, 어김없이 때가 되면 그 자리에 또다시 피어나는 자신감입니다. 화사하지는 않지만 청초한 느낌을 가져다주는 민들레. 씨방을 떠난 홀씨는 날고 날아 어디에든 무언의 흔적으로 자리 잡습니다. 어디에서든 볼 수 있는 흔한 꽃이라서 그럴까요. 사람들은 누구나 민들레를 알아봅니다. 그만큼 그 존재감은 묵직한 것입니다. 흔해 보이는 꽃이지만 무심결에 찾아든 생명력은 사람들의 마음속에 큰 흔적을 남기고 있습니다.

"인간들아! 여린 들꽃이라고 우습게 보지 마라. 나는 민들레다.
너희들이 함부로 할 수 없는, 보고 또 보게 되는 중독성이 강한 들꽃이다."

안톤 드보르자크(Antonín Dvořák)의 '현을 위한 세레나데' 4악장입니다. 세레

나데(Serenade), 즉 저녁 음악. 늦은 밤 연인의 집 창가에서 부르거나 연주하던 사랑의 노래는 시간이 흘러 짧은 길이의 기악 모음곡 형태로 이어졌습니다. 수많은 작곡가가 빚어내던 소리, 연인을 향한 사랑의 울림입니다. 세레나데는 부드럽고 감미롭습니다. 밀어를 속삭이는 숨결, 살며시 다가가는 그들만의 언어. 두 눈을 감게 하는 마력이 있습니다. 마음을 진정시킵니다. 현악기의 울림을 따라나섭니다. 음악과 한 몸이 되는 듯한 일체감은 마치 달콤한 케이크를 한 입 베어 문 부드러움과 같습니다. 반복되는 선율의 특징을 타고, 밀어는 더 심오한 세계로 우리를 이끌어 갑니다. 영혼을 내던진 사랑의 묘미인 것처럼, 절정의 극치로 치닫습니다. 그 궁극의 끝은 어디일까요. 자신도 모르게 점점 빠져드는 형국입니다. 조용하고 아득한 세계. 선율은 더욱더 감미롭고 매혹적인 리듬으로 호흡합니다. 마음을 사로잡는 아름다움이자 인간의 감정을 파고드는 서정시입니다. 드보르자크, 차이콥스키를 비롯한 위대한 작곡가들도 결국 인간이었기 때문입니다. 사랑을 알고 아름다움을 느끼는 감정의 산물, 그것이 세레나데입니다. 시간이 흘러도 변하지 않는 감미롭고 매혹적인 생명력으로 늘 사람 곁에 머물러 있습니다.

세레나데의 선율처럼 강인한 생명력을 자랑하는 야생 들꽃들. 지금 들꽃들의 향연이 펼쳐지고 있습니다. 그 누구도 범접할 수 없는 생명력으로 "나 여기 이렇게 피어 있다"고 말합니다. 솟구치는 대지의 열정, 그 열정을 먹고사는 들꽃입니다. 숱한 바람과 추위에도, 사람들의 발길에 짓눌려도 꿋꿋이 견뎌온 들꽃입니다. 들꽃에게는 그 누구도 알지 못하는 사랑이 있습니다. 그 사랑은 차고 넘쳐 날개를 달고 날아다닙니다. 구멍 뚫린 고목, 척박한 담벼락 아찔한 절벽 위에도 사랑의 씨앗으로 자리합니다. 그곳이 어디든 바람을 타고 기어이 사랑을 심습니다. 사람들은 담벼락에 핀 그 꽃을 보며 무심코 말합니다.

"이름 모를 들꽃"이라고.

내 딸을
백 원에 팝니다

오펜바흐
하늘 아래 두 영혼 Deux âmes au ciel - Élégie Op. 25

수직으로 떨어지는 낙화가 아름다운 봄날, 번번이 잦은 빗방울들이 오락가락하며 사라져 갑니다. 변덕스러운 나날들입니다. 며칠 전의 일입니다. 벚나무 길을 걷고 있었습니다. 종잡을 수 없는 날씨에 비가 내리기 시작했습니다. 갑작스러운 빗방울에 길을 걷던 모녀는 달리기 시작했습니다. 엄마는 어린 딸을 위해 입고 있던 얇은 등산복을 벗어 딸의 머리에 씌워주었습니다. 딸은 같이 쓰자며 엄마를 끌어당겼습니다. 비를 잠시 피할 요령인 듯 엄마는 손가락으로 어딘가를 가리켰습니다. 빵과 커피를 파는 제과점이었습니다. 저 역시 마찬가지로 그곳을 찾았습니다. 모녀는 커피와 빵, 딸기 주스를 먹기 시작했습니다. 잠시 후 제 자리에 주문한 커피가 나왔습니다. 커피 향기가 코를 자극할 때, 두 모녀를 바라보며 가만히 두 눈을 감았습니다. 탈북 시인 장진성의 시 '내 딸을 백 원에 팝니다'가 떠올랐기 때문입니다.

"그는 초췌했다. 내 딸을 백 원에 팝니다. 그 종이를 목에 건 채
어린 딸 옆에 세운 채 시장에 서 있던 그 여인은 그는 벙어리였다."

자연스럽게 펼쳐지는 그날의 광경을 가슴에 담아봅니다. 딸을 위해 작은 희망을 부여잡고 발버둥 치는 슬픈 현실이 애처로웠습니다. 심장에 확 달라붙는 영상. 하나의 화폭. 그 이미지를 잊을 수가 없습니다. 딸을 판다니. 오늘날 상상할 수 없는 현실을 묵도합니다.

봄 아지랑이처럼 아련한 첼로 소리가 피어납니다. 첼로의 매력, 구슬픈 멜로디가 애처롭기 그지없습니다. 젊은 날의 청춘 오펜바흐의 '하늘 아래 두 영혼'입니다. 애원과 그리움으로 가득 찬 시간들. 선율의 호소력이 참으로 슬픕니다. 아름다운 곡선 속에 숨겨져 있는 사랑, 내면의 고뇌. 외로움과 고통으로 가득 찬 울분과 비탄(悲嘆). 인내의 나날들을 견뎌야 하는 삶의 현실입니다. 삶은 살아 있는 한 요동치며 슬픈 것이라고 말하는 듯합니다. 지난날의 이야기는 회상 속에 묻들어 갑니다. 오펜바흐는 고통과 슬픔도 결국 아름다운 삶이었다고 말하고 있는지도 모릅니다. 잔잔한 물결 같은 애상(哀想)으로 흘러갑니다.

**"그는 감사할 줄도 몰랐다. 당신 딸이 아니라, 모성애를 산다며,
한 군인이 백 원을 쥐여주자, 그 돈 들고 어디론가 뛰어가던 그 여인은"**

돌아올 수 없는 슬픈 이별은 결코 아름답지 않습니다. 처절한 고통의 삶입니다. 먹고살기 위해서 내던져야만 하는 자신과 자신의 분신. 그 아픔과 이별을 어찌 잊을 수 있겠습니까. 죽어서도 혼이 지상을 떠나지 못한다는 애절함과 그리움. 차마 말할 수 없는 애타는 가슴의 울분. 벙어리 엄마의 처절한 심정. 슬프고 또 슬픕니다. 폐부를 찌르는 고통과 처절한 슬픔을 가져다주는 시입니다. 한 하늘 아래 두 갈래로 펼쳐지는 오늘날의 현실은 여전히 우리를 고통스럽게 합니다.

**"그는 어머니였다. 딸을 판 백 원으로, 밀가루 빵 사 들고 허둥지둥 달려와,
이별하는 딸애의 입술에 넣어주며, 용서해라! 통곡하던 그 여인은"**
탈북 시인 장진성의 시 『내 딸을 백 원에 팝니다』 중에서

늦더라도
꽃은 피는구나,
봄날에는

엘가
첼로 협주곡 작품번호 85. 3악장
아다지오

102세. 친구의 할머니가 돌아가셨습니다. 초상을 치른 상주는 손
자 부부였습니다. 일찍 돌아가신 부모님을 대신해 손자 부부가 할머
니를 모신 지 40년 가까운 세월이었습니다. 술 한잔하자던 친구는
식당에 앉자마자 벽에 걸린 그림을 보며 말했습니다.

"동백꽃이 참 아름다운 그림이네."

동백꽃. 작업장 앞에 자리한 동백꽃이 떠올랐습니다. 꽃이 피지 않은 지 오래입니
다. 오고 가던 사람들이 못생긴 꽃이라며 '개동백'이라 부르던 동백나무. 꽃이 피
어도 진즉 한두 방울씩 틈을 내어 머리를 내밀었을 법도 한데, 여태 무소식입니
다. 겨울이 가고 봄이 왔어도 작은 기미조차 보이지 않습니다. 사람들이 무시하고
조롱하던 말이 내심 서운했나 봅니다. 꽃망울도 내놓지 않습니다. 못생겼으니 베
어버리라던 사람들의 말에 그리 마음이 아팠을까요. 아니면 사람들이 조롱할 때
보호해주기는커녕 헛웃음으로 답했던 제게 섭섭한 감정을 드러내는 건 아닐까 싶
었습니다. 노심초사 미안한 마음이 자주 들곤 했습니다.

이십여 년 가까이 대일 보아왔어도 꽃이 피지 않은 해가 없었습니다. 문득 지난가을 친구의 말기 떠올랐습니다. "이게 미쳤나 보다. 겨울도 봄도 아닌데 꽃을 피웠네." 그랬습니다. 작년 늦가을에 꽃을 피웠던 것입니다. 동백꽃이 시간들 거슬러 일찍 피었던 것입니다. 곰곰이 생각해 보니 작년에는 비가 많이 오고, 갑자기 온도가 뜨겁게 올라가는 일이 빈번했습니다. 나뭇잎들은 강한 햇살에 말라버리고, 과일 같은 농작물들은 쉽게 물러지고 말았던 해입니다. 어느 나무 박사는 말했습니다. "자연의 생터계는 스스로 기후 변화에 적응합니다. 예쁘지 않은 꽃이어도 조금만 기다려 보세요. 꽃망울이 올라오고 꽃이 필 겁니다." 그래요. 늦더라도 꽃은 피는구나. 따스한 봄날에는.

가슴을 파고듭니다. 첼로의 묵직한 울림, 느린 걸음걸이, 긴장감을 더해주는 선율. 애절함이 차오르는 슬픔의 전주곡이랄까요. 슬픔의 마음과 그 길 위의 여정이 여러 갈래로 질문을 던져주는 듯합니다. 엘가(Edward Elgar)의 첼로 협주곡 3악장 아다지오입니다. 명상적인 분위기, 가슴을 쥐어 잡는 섬세한 물결에 주를 이룹니다. '삶이 무엇이었던가?' 삶의 끝에서 만들어진 호흡. 나를 되돌아보게 하는 서곡입니다. 낭만적인 느낌으로 잔잔히 흘러가는 느린 선율이 인상적입니다. 섬세하고 치밀한 서정적인 감각. 어쩌면 삶은 고결한 슬픔의 산물인지도 모릅니다.

기실 벽에 걸린 그림 속의 꽃은 동백꽃이 아니었습니다. 꽃 중의 왕, 목단꽃(모란)이었습니다. 화려한 색을 띠고 있으니 많은 사람이 동백꽃으로 착각하곤 합니다. 부귀옥당(富貴玉堂). 식당이나 집, 사구실 벽에 흔히 걸어두는 모란도(牡丹圖)입니다. 사람들은 그림 속의 꽃을 보고 아름답다 말합니다. 그만큼 세상이 삭막하니 그림으로나마 여유를 갖자는 뜻이겠지요. 조선 후기의 실학자 존재 위백규는 말했습니다. "세상 사람들은 그림을 좋아하는데, 아주 꼭 닮은 것을 좋아한다." 그림 속의 꽃은 가짜입니다. 살아 있는 꽃이 진짜입니다. 그림 속의 꽃은 허상입니다. 하지만 사람들은 때로 그 허상을 더 좋아합니다. 저는 친구 부부에게 말했습니다.

40년 동안 묵묵히 할머니를 모신 당신들이야말로 진정으로 아름다운 진짜 꽃이라고. 진짜 꽃은 바로 당신들이라고……

메멘토 作

세상에
하찮은 것은 없다

알렉산드르 글라주노프
비올라와 피아노를 위한 비가悲歌

밤사이 봄비가 무수히 내렸습니다. 오후가 되자 강한 햇살이 연신 두리번거리며 세상을 엿봅니다. 유랑 삼아 강으로 향했습니다. 유채꽃들이 강변을 채웠고, 꿀벌들이 분주히 움직이고 있었습니다. 벌들에게는 이런 날이 또 어디 있을까 싶습니다. 마냥 신이 난 모양입니다. 벌들의 천국인 셈이지요. 가만히 생각해보니 벌들이 사라지고 있다는 뉴스 기사가 떠올랐습니다. **'그렇지, 벌들이 이렇게 많을 리 없을 텐데.'** 호기심에 주위를 둘러보았습니다. 강변 둑 아래에 벌통들이 즐비했습니다. 벌을 키우는 양봉업자 역시 분주했습니다. 꿀벌을 죽이는 말벌들이 눈 깜짝할 사이에 나타난 것입니다.

주인은 말했습니다. **"추운 날씨와 농약 살포에 벌들이 죽어 가는데, 저놈의 말벌까지 아등바등 살아가려는 꿀벌들을 물어 죽이네."** '아등바등'이란 말이 슬펐습니다. 무언가를 이루기 위해 죽을 만큼 애를 쓴다는 뜻입니다. 우리네 삶이 아등바등하듯 작은 미물도 살아가려는 마음이 오죽하겠습니까. 어쩌면 살아간다는 것은 작은 미물들에게도 참으로 슬픈 일일지 모릅니다.

중후한 피아노 반주가 서장을 펼칩니다. 저음의 비올라가 깊은 무게감으로 다가섭니다. 차이콥스키가 세상을 떠났다는 소식. 그를 향한 경의의 표시이자 고별의 노래입니다. 무거운 듯 차분한 선율, 깊은 밤의 공기를 어루만지듯 감미롭고 부드러운 느낌입니다. 알렉산드르 글라주노프(Alexander Glazunov)의 '비올라와 피아노를 위한 비가(Elegy, Op. 44)'입니다. 슬픔을 잔잔하게 달래는 듯 구슬픈 목소리, 즉 애절함이 가득 찬 선율이라 하겠습니다. 기실 비올라를 위한 비가라 부를 만합니다. 그만큼 비올라가 가져다주는 절절함이 아름다운 메아리로 흘러가기 때문입니다. 이 슬픔은 단순히 절망을 가져다주는 슬픔이 아닙니다. 슬픔을 이겨내고 견디는 또 다른 삶의 시작, 글라주노프는 어쩌면 슬픈 희망을 이야기하고 있는 듯합니다.

살아가다 보면 사람들은 하찮은 것들에 무슨 대단한 의미가 있느냐며 무시하고 투덜거립니다. 슬픈 현실 인식입니다. 우리가 돌아보지 않는 하찮은 것들이 모여 우리의 삶을 지탱하고 있다는 것을 모르는 것입니다. 풀과 숲속의 나무들이 지구를 떠받치고 있듯, 꿀벌들은 우리에게 생명의 양식을 제공해 줍니다.

바람이 불고 비가 내려서 우리는 살아갈 수 있습니다. 보이지 않는 흙 속에서는 미생물들이, 강가에서는 갈대들이, 호수에서는 연꽃들이 세상 만물을 정화(淨化)해주고 있습니다. 조물주가 무언가를 만들어 냈을 때는 다 그만한 이유가 있습니다. 하찮은 것. 세상에는 결코 하찮은 것이 없습니다.

悲歌

소수의 권력자가 다수의 평범한 국민을
억압하던 세상. 숱한 생명들의 아우성이 첼로의
선율 속에 담겨 있습니다. 망향의 한과 그리움,
잃어버린 고향의 풍경을 고스란히 품고
있는 듯합니다. 카잘스는 이 〈새의 노래〉를
통해 세상 모든 사람에게 국경 없는
자유와 평화를 노래했습니다.

삶은
억압 없는
자유로움의 노래

파블로 카잘스
새의 노래Song of the Birds

봄비가 내렸습니다. 산들바람이 스치고 지나갑니다. 나뭇잎에 겨우 자리한 물방
울들이 또르르 흘러내립니다. 완연한 봄입니다. 상큼한 풀냄새, 초록빛으로 변해
가는 나무들의 치장이 눈을 시원하게 만듭니다. 새롭다는 것은 절로 신이 나는
일입니다. 봄을 가장 즐거워하는 것은 하늘을 나는 새들이 아닐까 싶습니다. 무
엇이 그리 좋은지 신이 나서 이른 새벽부터 재잘거리는 새들의 율동이 그저 즐겁
기만 합니다.

아주 오랜 시간이 흘렀습니다. 봄날의 새들을 보면 저 멀리 그가 서 있는 듯합니
다. 그는 매년 방학이면 시골에 내려왔습니다. 그때는 장난감이란 것이 따로 없었
습니다. 가지고 놀 수 있는 것이라곤 뱀을 잡거나 토끼몰이를 하거나, 새를 잡는
것이 전부였습니다. 그는 유독 새를 좋아했습니다. 양손에 목발을 짚고 산에 가자
며 어린아이처럼 늘 보채곤 했습니다. 산에 올라 새집을 발견하면 새알이 몇 개나
들어 있는지 묻기도 하고, 저것은 무슨 새인지 이름을 속삭이기도 했습니다. 심
지어 밤에는 새집의 새끼들이 잘 있는지 구경하러 가자며 먼저 앞서 나갔습니다.
행여나 넘어질까 싶어 손전등을 비추며 그의 뒤를 종종걸음으로 따라다니곤 했습
니다. 때론 힘든 몸을 무덤가에 기대고 하늘을 나는 새들을 향해 하모니카를 연주
하곤 했습니다. 그러던 어느 날부터인가 그의 모습이 보이지 않기 시작했습니다.
간간이 들려오던 그의 마지막 목소리는 손으로 돌리던 낡은 전화기 앞에서 영영
사라지고야 말았습니다. 새는 침묵 속에서 이야기합니다. 삶은 억압 없는 자유로
운 것이어야 한다고 말입니다. 하지만 그 새의 울림은 구슬픈 처연함으로 흐릅니다.

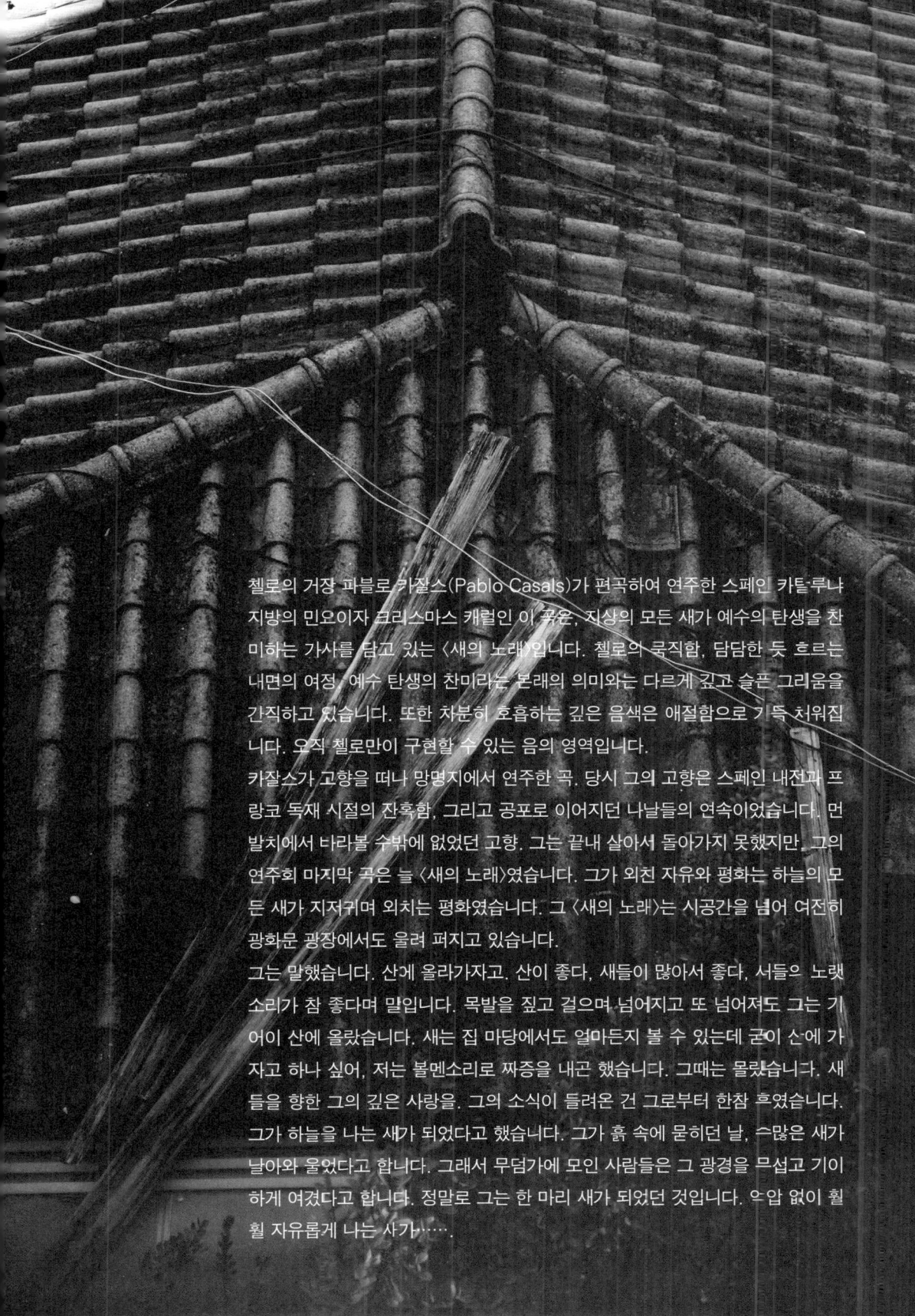

첼로의 거장 파블로 카잘스(Pablo Casals)가 편곡하여 연주한 스페인 카탈루냐 지방의 민요이자 크리스마스 캐럴인 이 곡은, 지상의 모든 새가 예수의 탄생을 찬미하는 가사를 담고 있는 〈새의 노래〉입니다. 첼로의 묵직함, 담담한 듯 흐르는 내면의 여정, 예수 탄생의 찬미라는 본래의 의미와는 다르게 깊고 슬픈 그리움을 간직하고 있습니다. 또한 차분히 호흡하는 깊은 음색은 애절함으로 가득 처워집니다. 오직 첼로만이 구현할 수 있는 음의 영역입니다.

카잘스가 고향을 떠나 망명지에서 연주한 곡. 당시 그의 고향은 스페인 내전과 프랑코 독재 시절의 잔혹함, 그리고 공포로 이어지던 나날들의 연속이었습니다. 먼 발치에서 바라볼 수밖에 없었던 고향. 그는 끝내 살아서 돌아가지 못했지만, 그의 연주회 마지막 곡은 늘 〈새의 노래〉였습니다. 그가 외친 자유와 평화는 하늘의 모든 새가 지저귀며 외치는 평화였습니다. 그 〈새의 노래〉는 시공간을 넘어 여전히 광화문 광장에서도 울려 퍼지고 있습니다.

그는 말했습니다. 산에 올라가자고. 산이 좋다, 새들이 많아서 좋다, 서들으 노랫소리가 참 좋다며 말입니다. 목발을 짚고 걸으며 넘어지고 또 넘어져도 그는 기어이 산에 올랐습니다. 새는 집 마당에서도 얼마든지 볼 수 있는데 굳이 산에 가자고 하나 싶어, 저는 볼멘소리로 짜증을 내곤 했습니다. 그때는 몰랐습니다. 새들을 향한 그의 깊은 사랑을. 그의 소식이 들려온 건 그로부터 한참 흐였습니다. 그가 하늘을 나는 새가 되었다고 했습니다. 그가 흙 속에 묻히던 날, 수많은 새가 날아와 울었다고 합니다. 그래서 무덤가에 모인 사람들은 그 광경을 무섭고 기이하게 여겼다고 합니다. 정말로 그는 한 마리 새가 되었던 것입니다. 억압 없이 훨훨 자유롭게 나는 새가……

여름
Summer

Summer, Tea and Music

숙우회

차향이 불어오는 곳에서
모든 것은 시작됩니다

여름
Summer

음악을 듣는 즐거움이란 여간 재미있는 일이 아닙니다. 레코드판을 에워싼 비닐을 뜯어내는 작업, 그 설렘은 마치 첫눈의 입맞춤처럼 경이롭습니다. 나는 늘 음악을 산책하듯 듣습니다. 그 수많은 산책 중에 내 영혼 깊은 곳에서 청향(淸香)을 드러내는 음반이 있습니다. 바로 리사 델라 카사입니다. 하얀 드레스를 입은 그녀가 부르는 리하르트 슈트라우스의 노래는 결코 과하지 않으면서도 지적인 연출미가 눈부시게 드러납니다. 그 눈부심 속에 마치 맑은 차 향기 같은 몽환적인 기운이 입가와 가슴속에 떠돕니다. 갓 덖어낸 햇차를 순백의 찻잔에 담은 후, 그녀가 부르는 노래의 절정과 함께 한 모금을 음미하면 천상의 구름 속에서 듣는 아름다운 향기가 가득 입안에 고입니다. 차 한 잔, 그리고 노래 한 잔입니다.

고추밭 햇살이 뜨겁습니다. 호흡조차 가쁜 한여름의 열기, 덩달아 붉은 고추들이 주렁주렁 물결칩니다. 어찌 보면 한여름 자연의 훈증막 같습니다. 이내 자외선을 피해 뒷걸음질 치고 맙니다. 돗자리를 깔아 놓은 나무 그늘 아래, 다관에 진하게 우려 냉동고에 얼린 차가운 찻물을 마십니다. 목을 적시며 상큼한 향내가 바람결에 사라져 갑니다. 더위를 견디는 가장 좋은 방법은 소리를 틀어 놓고 지그시 눈을 감는 것입니다. 양탄자가 출렁출렁 하늘을 납니다. 케텔비의 '페르시아 시장에서'가 흐르면 나는 신밧드가 되어 호수를 건너고 오아시스가 펼쳐지는 사막을 여행합니다. 상상의 선율은 무더위를 잊게 하고, 시각과 청각을 열어주는 서정적인 파노라마를 선물합니다.

어느 날은 이른 아침 소나기가 내립니다. 안개구름이 유유히 숲들 사이로 여름날을 헤엄칩니다. 답답한 도시 생활을 뒤로하고 찾아든 나만의 반석 위에서 길 샤함이 연주하는 파가니니의 소나타를 듣습니다. 악마의 화신이라 불리던 파가니니지만, 기타와 어우러지는 바이올린 선율은 더없이 서정적이고 낭만적입니다. 숲의 향기와 함께 기분이 더욱 시원해집니다. 번잡한 일상 속에서는 촉촉이 비가 내리는 아침, 따뜻한 차 한 잔과 함께 듣는 이 선율이 제격입니다.

그러나 여름 장마는 때론 짓궂은 얼굴로 찾아옵니다. 숲속에 이슬비가 구슬픈 목소리로 가느다랗게 아침나절을 적시면, 안개 자욱한 무주공산의 세계가 펼쳐집니다. 이 우수에 젖은 풍경을 비집고 니나 시몬의 'Ne me quitte pas(날 떠나지 말아요)'가 흐릅니다. 흑인 영가를 부르는 듯한 그녀의 절규는 숲속의 빗소리, 풍경 소리와 절묘하게 어우러집니다. 비가 창문을 두드리고 바람이 거세게 부는 날에는 생 프뤼의 '만남'을 듣습니다. 흘러가는 구름처럼 무심하게, 그러나 격정적으로 다가오는 피아노 선율은 지난날의 추억을 파도처럼 집어삼킵니다. 따뜻한 차 한 잔을 손에 쥐고 비 내리는 들녘을 바라봅니다. 빗방울 속에 마주한 개망초꽃이 처량하기 그지없어 보입니다. 멘델스존의 바이올린 협주곡이 흐르면, 그 들꽃은 어느새 '이브의 노래'가 되어 낭만적인 수채화로 피어납니다. 무심(無心), 마음을 내려놓고 순수의 시대를 꿈꾸게 합니다.

비가 그친 뒤 찾아오는 여름밤은 또 다른 세상입니다. 숲의 나뭇잎들은 활력을 되찾고, 물기에 젖은 흙냄새가 솟아오릅니다. 달빛이 숲에 찾아드는 밤, 드뷔시의 '달빛'을 숙우에 가득 끌어 담습니다. 피아노 선율은 어둠 속 피어나는 안개처럼 아늘아늘 흔들리기 시작합니다. 몽환적인 무릉도원의 세계가 수묵화로 피어오릅니다. 숙우에 담긴 달빛을 찻잔에 따릅니다. 찻잔에 또다시 달빛이 가득하고 향이 넘칩니다. 달은 자신의 동일성을 고집하지 않고 순환에 따라 묵묵히 정체성을 수정하는 존재입니다. 찻물이 가득한 숙우 속에서 달빛이 춤을 춥니다. 나 아닌 나에게로 흐릅니다.

한여름 밤의 하늘은 별들이 총총합니다. 평상에 누워 보로딘의 현악 4중주 '야상곡'을 듣습니다. 첼로의 감미롭고 달콤한 선율이 아내에게 속삭이는 밀어처럼 다가옵니다. 나만의 양탄자를 타고 아름다운 이야기로 은하수를 건너는 시간입니다 때로는 토셀리의 '세레나데'가 귓가를 살짝 물어 당기는 듯 매혹적으로 다가옵니다. 젊은 날의 사랑, 실연의 아픔을 노래한 '후회'라는 부제처럼, 지나간 소나기 같은 추억들이 바이올린 선율에 실려 옵니다. 삶에 있어 소나기는 우리 자신을 되돌아보게 하는 인생의 촉매제입니다. 그 비를 맞고서야 우리는 성숙한 삶으로 나아갑니다.

늦은 밤, 사색의 시간이 찾아옵니다. 턱수염을 깎으며 거울 속의 나를 다주합니다. 아르보 패르트의 '거울 속의 거울'이 흐릅니다. 간결한 피아노 화음과 절제된 바이올린 선율은 침묵과 여백의 미를 보여줍니다. 거울 속에는 소리가 없습니다. 거울은 나를 비추는 얼굴이자 반면교사입니다. 화려한 기교 없이 소리 자체의 아름다움으로 내면을 파고드는 이 음악은, 자극 없는 맑은 차 한 잔과 닮았습니다. 마음이 죽지 않는 약을 구하라는 옛 성현의 말씀처럼, 음악과 차는 내 영혼을 비추는 거울이 됩니다.

여름은 강렬한 태양과 거센 비, 그리고 깊은 침묵이 공존하는 계절입니다. 뜨거운 열정으로 피어나는 능소화처럼, 후미진 곳에서 묵묵히 피어나는 접시꽃처럼, 우리는 하루하루를 견디며 살아갑니다. 바람이 불어오는 곳에서 모든 것은 시작됩니다. 인간의 마음은 여린 이슬비와 같습니다. 어떤 바람이었는지, 그 방향 속에서 바뀌어 갈 뿐입니다. 다관 속에서 우러나오는 차향이 바람을 타고 흐릅니다. 그 향기와 선율에 몸을 맡기며, 이 여름 나만의 음악 산책을 이어갑니다.

차와 음악의 페어링
Tea and Music Pairing

...

몽환적인 향기, 갓 덖어낸 햇차의 순수함

Music _ 리사 델라 카사 〈리하르트 슈트라우스 _ 4개의 마지막 노래〉

**"하얀 드레스를 입은 그녀의 자태는 첫눈의 입맞춤 같습니다.
그녀의 지적인 연출미 속에 피어나는 몽환적인 향기를 느껴보세요."**

TEA _ 갓 덖어낸 햇 녹차 (우전 또는 세작).
풋내가 가시지 않은 신선함과 입안 가득 고이는 청향(淸香).

Pairing Guide _ 순백의 찻잔에 갓 덖어낸 차를 담으세요. 리사 델라 카사의 천상과 같은
목소리를 들으며 한 모금 머금으면, 입안 가득 몽환적인 향기와 함께 구름
위를 걷는 듯한 기분을 느낄 수 있습니다.

...

비 내리는 숲속, 영혼을 위로하는 따뜻한 차

Music _ 니나 시몬 〈Ne me quitte pas 날 떠나지 말아요〉. 생 프뤼 – 〈만남〉

**"숲속에 이슬비가 구슬피 내리고 안개가 자욱한 날, 세상의 모든 슬픔을 아는 듯
한 니나 시몬의 절규와 생 프뤼의 아련한 피아노 선율이 빗소리와 섞입니다."**

TEA _ 따뜻하게 우린 발효차 (황차 또는 홍차).
비 오는 날의 눅눅함을 잡아주고 가라앉은 기분을 감싸주는 깊은 맛.

Pairing Guide _ 빗소리가 처마를 적시는 날에는 차가운 음료보다 따뜻한 차가 제
격입니다. 니나 시몬의 애절한 목소리와 함께 따뜻한 찻잔을 두 손
으로 감싸 쥐면, 고독마저도 따스한 위로가 됩니다.

...

무더위를 날리는 시원한 한 모금, 냉차(冷茶)

Music _ 케텔비 〈페르시아 시장에서〉. 파가니니 〈3개의 소나타〉

"고추밭 햇살이 뜨겁고 숨이 턱턱 막히는 한여름, 양탄자를 타고 페르시아
시장으로 떠나는 상상을 합니다. 혹은 숲속의 소나기처럼 시원한 파가니니의
선율을 듣습니다."

TEA _ 얼음 띄운 냉녹차 또는 냉오미자차.
　　　 가슴 속까지 시원하게 적셔주는 청량감과 갈증 해소.

Pairing Guide _ 다관에 진하게 우려낸 차를 냉동고에 잠시 얼리거나 얼음을 가득
　　　 채워 드세요. 케텔비의 음악이 주는 이국적인 활기나 파가니니의
　　　 청아한 바이올린 소리와 함께 마시면, 무더위는 사라지고 숲속 계
　　　 곡에 발을 담근 듯한 시원함을 맛볼 수 있습니다.

...

달빛 흐르는 밤, 숙우에 담긴 달빛 차

Music _ 드뷔시 〈달빛〉. 토셀리 〈세레나데〉

"비가 그친 뒤 찾아온 청명한 여름밤. 숙우에 가득 달빛을 담습니다. 드뷔시의
선율이 안개처럼 피어오르고, 토셀리의 바이올린이 귓가를 간지럽힙니다."

TEA _ 백차(White Tea) 또는 맑은 청차(Oolong).
　　　 수색이 맑아 달빛이 잘 투영되며, 맛이 은은하고 향이 우아함.

Pairing Guide _ 달빛이 비치는 창가나 정원에서 맑은 찻물을 숙우에 따르세요. 찻
　　　 잔 속에 달이 뜨고, 드뷔시의 피아노 선율이 흐르면 차 한 잔이 곧
　　　 예술이 되고 사색의 공간이 됩니다.

...

들녘의 생명력, 야생화와 함께하는 소박한 차

Music_ 드르들라 〈추억〉. 멘델스존 〈바이올린 협주곡 (이브의 노래)〉

**"지천에 피어난 민들레, 개망초꽃... 그들은 소리 없이 향기를 줍니다.
멘델스존의 낭만적인 선율 속에서 들꽃 같은 순수의 시대를 꿈꿉니다."**

TEA_ 민들레차 또는 쑥차.
　　　꾸미지 않은 자연 그대로의 맛, 대지의 기운을 머금은 소박함.
Pairing Guide_ 화려한 다기보다는 투박한 도자기 잔이 어울립니다. 들녘의 바람
　　　　　을 닮은 바이올린 선율을 들으며 야생초 차를 마시는 시간은, 복
　　　　　잡한 일상을 내려놓고 '무심(無心)'의 평온함을 되찾게 해 줍니다.

...

깊은 사색과 침묵, 내면을 비추는 거울 같은 차

Music_ 아르보 패르트 〈거울 속의 거울〉. 바흐 〈시칠리아노〉

"거울 속에는 소리가 없습니다. 간결한 피아노 화음과 절제된 바이올린 선율은
내면의 소리를 듣게 합니다."

TEA_ 백탕(白湯, 끓여서 식힌 물) 또는 연한 연잎차.
　　　맛과 향이 자극적이지 않아 오로지 '마심' 그 자체에 집중하게 함.
Pairing Guide_ 턱수염을 깎듯, 마음의 잡념을 덜어내는 시간입니다. 자극적인 맛
　　　　　을 배제하고, 물의 질감 자체를 느낄 수 있는 차를 마시며 아르보
　　　　　패르트의 미니멀한 음악에 빠져보세요. 거울 속 나를 마주하는 구
　　　　　도자의 시간이 될 것입니다.

천상의 구름 속에서 듣는
아름다운 향기

리사 델라 카사Lisa Della Casa

음악을 듣는 즐거움이란 여간 재미있는 일이 아닙니다.
레코드를 사거나 CD를 구입할 때의 기쁨보다도,
구매한 음반들을 집으로 가지고 돌아올 때의 그
기대감에는 이루 말할 수 없는 어떤 경이로움이
있습니다. 버스나 지하철에서의 바쁜 손발놀림
은 두말할 필요도 없고, 가파른 산사의 언덕길
을 쉬지 않고 한걸음에 내달려 오르고 마는 제 자
신을 발견하게 됩니다. 그러나 무엇보다도 더 큰 즐
거움의 묘미는 다른 데 있습니다.
바로 레코드판을 에워싼 비닐을 뜯어내는 작업의 '재미'입니
다. CD를 둘러싼 비닐은 마치 음식물을 몇 겹으로 둘러싼 포장과 같아
서 뜯는 일이 여간 어려운 게 아닙니다. 금색 줄을 따라 벗긴다고 하지만 대부분의
CD가 그렇게 쉽게 본체를 드러내지 않고 애를 태우곤 합니다. 그러나 레코드판을
둘러싼 비닐을 조심스레 뜯어내는 설렘은 참으로 경이로운 재미를 선사합니다.
저는 늘 산책하듯 음악을 듣습니다. 그 수많은 음악 산책 중에 제 영혼 깊은 곳에
서 고요히 그 존재를 드러내는 음반이 하나 있습니다. 바로 리사 델라 카사의 음반
입니다. 리사 델라 카사는 제가 사는 방 안의 책 더미 위에 조심스럽게 그 자태를
늘 드러내고 있습니다. 아침에 일어날 때나 잠자리에 들 때면 그녀는 마치 첫눈의
입맞춤처럼 다가옵니다. 하얀 드레스를 입고 있는 그녀는 뛰어난 미모를 보여줍
니다. 엘리자베트 슈바르츠코프, 캐슬린 페리어 등 당대 오페라 여가수들의 미모
도 널리 알려져 있지만, 리사 델라 카사의 미모는 그중에서도 유독 빛을 발합니다.
빈(Wien) 국립 가극장의 캄머쟁거(궁정 가수) 칭호를 받은 리사 델라 카사는 취
리히 시립 가극단에서 타이틀 롤인 〈나비부인〉으로 두각을 나타냈습니다.

그리고 리하르트 슈트라우스의 오페라 〈아라벨라〉를 통해 유럽 최고의 인기 가수로 떠올랐습니다. 카를 뵘과 협연하고, 당대의 대지휘자인 푸르트벵글러에게 그 재능을 높이 평가받아 베토벤의 〈피델리오〉에 발탁되기도 했습니다. 그 후 뉴욕 메트로폴리탄으로 건너간 그녀는 〈아라벨라〉로 단숨에 뉴욕의 관객들을 사로잡았습니다. 그날 관객들은 노래를 부르는 그녀의 자태를 바라보는 것만으로도 무아지경에 빠져들었습니다.

그녀는 근대 독일 작곡가인 리하르트 슈트라우스의 곡을 전담하는 '슈트라우스 스페셜리스트'의 첫 번째 자리에 오른 사람입니다. 이 음반에는 〈네 개의 마지막 노래〉, 〈낙소스 섬의 아리아드네〉, 〈카프리치오〉가 수록되어 있습니다. 피아니스트 카를 후데츠의 연주에 맞춰 슈베르트, 브람스, 후고 볼프의 가곡을 부르는 그녀의 음색은 결코 한없이 가볍거나 묵직하고 극적인 소프라노가 아닙니다. 폭발적이고 극적인 창법도 찾아볼 수 없습니다. 그러나 이 음반에서는 천사의 허맑은 웃음 속에 피어나는, 리사 델라 카사만의 지적인 연출미가 눈부시게 드러납니다.

그 눈부심 속에 마치 청향(淸香)의 맑은 차 향기 같은 몽환적인 내음이 입가와 가슴속을 맴돕니다. 갓 덖어낸 차를 순백의 찻잔에 담은 후, 그녀가 부르는 〈카프리치오〉의 절정과 함께 한 모금을 음미하면 천상의 구름 속에서 듣는 듯한 아름다운 향기가 가득 입안에 고입니다.
차 한 잔, 그리고 리사 델라 카사의 노래 한 잔.

만남이라는 건
이 지상에서
가장 큰
슬픈 변주곡입니다

니나 시몬
Ne me quitte pas 날 떠나지 말아요

숲속에 여름 이슬비가 구슬픈 목소리로 가느다랗게 아침나절을 적십니다. 바깥일을 하기에는 제법 굵은 빗방울이고, 차 한 잔 늘어지게 마실 수 있는 기분 좋은 날입니다. 시선을 돌려 처마 끝을 타고 흘러내리는 빗방울들을 바라봅니다. 세상의 모든 슬픔을 아는지, 뚝뚝 처량하게 자신이 만든 작은 물웅덩이 연못 위에 커다란 원을 그리며 퍼져갑니다. 어느새 산등성이를 지렛대 삼아 올라온 안개는 툇마루를 자신들의 안방으로 치장하는가 싶더니, 창호지 바른 방문을 두드리며 기어이 축축하게 적셔놓고야 맙니다. 그야말로 숲이 보이지 않는 무주공산(無主空山)의 세계입니다. 자욱한 안개가 만들어 놓은 그 무주공산의 세계를 비집고, 우수에 젖은 니나 시몬(Nina Simone)의 애끓는 절규가 숲속의 분위기를 더욱 요동치게 합니다. 마치 안개가 자욱하게 낀 기차역에 서서 이별을 고하는 비비안 리의 쓸쓸한 흐느낌처럼 영혼을 노래하는 그녀. 인종 차별에서 오는 비애감과 굽이치는 인생 역정에서 우러나오는 목소리는 성찰의 깨달음이라 불러도 좋을 것 같습니다. 간간이 스쳐 지나가는 바람에 이끌려 흩어지는 안개 사이로 그녀의 목소리를 듣노라면, 일흔이 넘은 흑인 남성이 흑인 영가를 부르는 것으로 착각할 정도의 묵직한 영감을 줍니다. 고요한 숲속, 구슬프게 내리는 실비, 자욱하게 밀려오는 안개와 더불어 영혼의 목소리가 절묘하게 어우러지는 이슬비 내리는 여름날의 풍경입니다. 거기에 이따금 들려오는 풍경 소리가 여흥을 돋우듯 조연으로 출연하기까지 합니다. 'Ne me quitte pas!' 이렇듯 깊은 영혼의 목소리를 내는 주인공은 누구일까요? 바로 니나 시몬입니다.

그녀는 교회 오르간 연주자로 음악을 시작했습니다. 줄리아드 음대에 진학했지만, 경제적 사정으로 후배들을 레슨하고 재즈 클럽에서 활동해야 했습니다. 그 후 피아니스트, 가수, 작곡가이자 흑인 인권 운동가로 거듭났습니다.

블루스, 재즈, 가스펠, 포크, 클래식, 팝, 샹송에 이르기까지 자신만의 새로운 해석으로 독특한 세계를 창조하며 '검은 진주'라는 칭호를 받기에 이른 인물입니다. 곡에서 묻어나듯 진실한 마음속에서 울리는 그녀의 노래는 아픔, 사랑, 이별, 인생 등을 처절하게 표현해냅니다. 우리나라에 'If You Go Away'로 잘 알려진 'Ne me quitte pas'는 원래 프랑스의 샹송 가수였던 자크 브렐(Jacques Brel)의 곡입니다. 많은 사람이 재즈곡으로 착각하지만, 이 곡은 엄연한 샹송입니다. 'Ne me quitte pas, 날 떠나지 말아요.' 강한 절규로 울부짖는 애절한 사연의 노래를 통해 니나 시몬이 가진 깊은 음의 세계를 엿볼 수 있습니다. 그러나 세상에 떠나지 않는 것은 없습니다. 인간의 종착지는 결국 '떠남'이라는 현실은 결과입니다. 그렇지만 우리는 이 명제를 부정하며 갈 곳 없는 길목으로 묻혀 갑니다. 그러기에 우리는 엄청난 수술비를 무릅쓰며 안간힘을 쓰기도 합니다. 그 마지막 길이 어디인지 뻔히 알면서도 말입니다. 물론 이 곡은 죽어가는 자를 위한 노래는 아닙니다. 첫사랑의 아픔이랄까요. 떠나가는 한 연인에 대한 마지막 애원입니다. 세상 모든 이가 한 번쯤은 겪고 지나가는 치유의 길목이기어 앞서, 젊은 날의 아픈 기억으로 짙게 자리 잡는 것이 바로 첫사랑입니다.

'첫'이라는 단어는 어느 글자 앞에서든 항상 커다란 흔적을 남기고 떠나갑니다. 왜 이토록 정열을 바치다시피 내던진 한 인간의 영혼과 육신이 아름다운 추억보다는 고통으로 남는 걸까요? 그것은 다름 아닌, 사람과 사람 사이의 신의와 약속이 한순간에 무너져 내리는 사거리에 선 젊은 날, 그 첫 믿음의 자리가 송두리째 무너지는 굴곡에서 오는 아픔이 아닐까요? 그러기에 우리는 황당할 만큼 커다란 충격을 받으며 도대체 사람을 어디까지 믿어야 할지 모르는 혼란을 겪습니다. 그러나 시간이 흐르고 사람과 사람 사이의 치열한 내적 혈투를 벌이며, 이제는 알 것 같은 사람들의 본성을 가늠하고 새로운 반려자를 맞이하고야 맙니다. 아마도 만남이라는 건 이 지상에서 가장 크고 슬픈 변주곡일 것입니다. 만남이 없었더라면 알지도 못했을 것이며, 사랑, 헤어짐, 그리움, 죽음과 같은 단어는 존재하지도 않았을 것입니다. 비록 먼 추억의 길로 저물어 가지만, 우리는 사랑해야 할 사람이 곁에 있어서 좋고, 앞으로도 사랑해야 할 사람이 무수히 많아서 좋은 것입니다. 사랑한다는 건 결코 쉬운 일이 아니기 때문입니다. 과거의 아픈 사랑은 진실한 사랑이 봉긋 솟아오르기 위한, 그저 스쳐 지나가는 젊은 날의 목마름이었다고 소리 쳐 봅니다.

Ne me quitte pas···

남을 통해 나를 보고
나를 통해 남을 봅니다

악마의 화신 파가니니
6개의 소나타 Sei Sonate

이른 아침 소나기가 내렸습니다. 안개구름이 유유히 숲들 사이로 여름날을 헤엄칩니다. 그들이 잠깐잠깐 머무는 동안 풀잎에는 이슬방울이 맺힙니다. 삐죽, 그 늘진 틈새로 투영된 수줍은 햇살. 물과 햇살이 융합되어 오묘한 빛이 됩니다. 하지만 찰나의 순간입니다. 간간이 들려오는 뻐꾹새 울음소리에 지레 놀란 듯 빗방울은 또르륵 굴러떨어집니다. 이것이 미동도 없는 듯 느껴지는 산의 웅얼거림, 작은 꿈틀거림의 허기일지도 모릅니다. 답답한 도시 생활을 뒤로하고 또다시 찾아드는 나만의 반석. 웅얼거리는 숲의 연주자들. 얼핏 들어버린 망각의 영혼 사이로 청아한 선율이 흐릅니다. 적적한 마음을 감싸주는 또 하나의 좋은 반려자, 바로 자연의 소리입니다. 이 맛, 내 삶의 큰 원동력입니다.

시간이 얼마나 지났을까요. 잠시 자연의 소리를 뒤로하고 배낭을 열어젖힙니다. 한 모금, 차 향기가 입속에 머뭅니다. 상쾌하고 여린 선율이 춤을 춥니다. 길 샤함(Gil Shaham)과 외란 쇨셔(Göran Söllscher)가 연주하는 〈세이 소나타(Sei Sonate)〉입니다. 바이올린과 기타를 위한 작품집, 일명 '여섯 개의 소나타'입니다. 악마의 화신 파가니니의 곡입니다. 무더운 여름날 한 잔의 차와 함께 폐부를 시원하게 적셔주는 선율입니다. 마치 숲속의 분위기와 절묘하게 맞아떨어지는 곡입니다. 번잡한 도시 생활에서는 촉촉이 비가 내리는 아침에 제격이 아닐까 싶습니다. 사색적인 분위기입니다. 한가로이 시골 풍경을 벗 삼아 유유자적하는 인상을 남겨줍니다. 그만큼 서정적이며 낭만적이라 할 수 있겠습니다. 숲의 향기와 함께 기분이 더욱 시원해집니다.악마의 화신 파가니니. 19세기 혁명의 깃발 앞에 선 유럽 사람들.

바이올린과 기타의 달인이자 기행의 소유자였던 그를 사람들은 악마의 화신이라 칭했습니다. 감옥 속에서 바이올린 줄이 습기로 썩어 한 줄만 남게 되자, 결국 그 하나의 줄로 완벽하게 연주를 해냈다는 파가니니의 유명한 일화가 전해집니다. 악마의 화신이라 불렸지만, 그의 음악 세계는 화려하기만 한 것은 아닙니다. 서정적이며 아름답습니다. 이상향의 세계인 무릉도원을 보여주는 듯합니다. 아마도 감옥에서 한 줄로 터득한 그의 기법이 기타에 많은 영향을 주었는지, 그에게는 기타를 위한 곡들이 수없이 많습니다. 어느새 10여 년이 훌쩍 넘었습니다. 예술의전당에서 길 샤함의 연주를 보게 되었습니다. 20대 초반의 미소년, 동안의 얼굴이었습니다. 간간이 웃음을 보이는 그의 해맑은 미소가 마치 파가니니를 보는 듯했습니다. 비록 그날의 연주곡은 파가니니의 곡이 아니었습니다. 프로코피예프(Prokofiev)의 소나타 1번을 연주했습니다. 그날의 사건은 2악장, 중량감이 넘치는 소나타 형식의 후반부로서 피아노 반주에 맞춰 재현부로 들어가는 힘찬 연주 부분이었습니다. 화살의 시위를 잡아당기듯 현을 강하게 끌어당기는 그의 손에 그만 바이올린 줄이 끊어져 버렸습니다. 그런 실수가 몇 번이나 있을까요. 연습 중에도 드문 그런 실수가 정기 연주 중에 벌어지고 말았으니. "죄송합니다." 그는 머리를 긁적이며 미소를 짓더니 무대 뒤편으로 사라져 갔습니다. 우연의 일치였을까요? 만일 파가니니였더라면 어떠했을까요?

악마의 화신 파가니니. 악마의 연주자 파가니니. 유럽 사람들에게는 악마의 후예로 여겨졌지만, 그의 음악 세계는 대중의 이미지와는 달리 매혹적인 사색의 세계였습니다. 혁명의 시대에 섰던 유럽 사람들은 파가니니를 통해 더 현혹적이고 광적인 혁명의 세계로 뛰어들고자 했던 것은 아닐까 싶습니다. 정작 예술에 열정적이었던 당사자 파가니니는 오히려 그들을 악마의 후예로 여겼을지도 모릅니다. 사실 인간에게는 여러 가지 자아가 존재합니다. 그 여러 가지 자아 속에서 자기 자신을 남에게 맞추려 합니다. 혼란의 시대에는 그런 현상이 비일비재했을 것입니다. 그리하여 이편저편이 나뉘는 것입니다.

만공 선사는 말씀하셨습니다.
"남에게 잘하는 것이 곧 나에게 잘하는 것이다." 남을 통해 나를 보고 나를 통해 남을 봅니다. 너와 내가 둘이 아닌 하나이기 때문입니다.
모든 것은 오직 마음이 만들어내는 것입니다
(일체유심조, 一切唯心造). 파가니니에게 한 잔의 차를 올립니다.

우리에게도
더 좋은 날이 있겠지요

아그네스 발차,
내 조국이 가르쳐준 노래

오월의 향기. 초록빛으로 물든 대지의 바다를 걷습니다. 아침 안개들이 이슬을
내뿜으며 발걸음을 적십니다. 숲속의 나뭇잎들을 지나 작은 텃밭에 앉습니다. 손
끝에 매만져지는 촉감들. 상쾌합니다. 가뿐합니다. 벅차오릅니다. 생명의 보고(寶
庫), 대지의 바다. 생명은 꿈틀거리고 숱한 미생물들이 활화산처럼 타오릅니
다. 물오른 대지의 계절인 것입니다. 부슬부슬 빗방울이 내리기 시작합니다. 새
싹들은 꽃을 피운 지 오래고, 그 느린 걸음 속에 알맹이들을 머금고 있을 것입니
다. 새싹, 꿈, 희망을 가슴에 품게 하는 계절. 부슬부슬 내리는 오월의 빗방울 속
에 아픈 민중의 애환이 차 향기와 함께 스며들어 가만히 두 눈을 감게 만듭니다.
11곡으로 구성된 앨범 〈내 조국이 가르쳐준 노래(Songs My Country Taught
Me)〉는 터키와 히틀러가 이끄는 독일의 침략을 받았을 때 그리스 시민들이 읊은
저항의 노래라고 전해집니다. 이러한 일련의 상황은 참여주의, 사실주의 양식 등
각 분야에 매우 민감하게 반영됩니다. 민중의 노래는 밑바닥 삶을 살아가는 그 시
대의 시금석입니다. 입에서 입으로 전해지는, 시대를 살아가는 민중의 애환과 박
해받는 민족의 억눌린 비가(悲歌)입니다. '당신 귓가의 카네이션', '도시 아이들
의 꿈', '우체부', '5월의 어느 날', '기차는 8시에 떠나네' 등 수록된 곡들의 제목
에서 엿볼 수 있듯, 내일에 대한 희망과 염원을 담고 있습니다. "우리에게도 더 좋
은 날이 있겠지요"라는 가사 내용이 이를 잘 보여줍니다.

"나의 짠 눈물이 그때엔 물이 될 것입니다. 나는 다시 돌아올 것입니다.
슬퍼하지 마세요. 괜찮습니다. 우리에게도 더 좋은 날들이 기다리고 있으니까요."

이 가사에는 침략자에 대한 분노나 저주가 직접적으로 드러나지 않으며, 아주 자연스럽고 소시민적인 냄새가 흐릅니다. 마치 한가로운 어두운 밤의 정적이 물씬 풍기듯, 애잔한 느낌과 깊은 정감이 흐르는 민요풍의 비애가 곁들여 있습니다. 이 노래가 더욱 돋보이는 것은 아그네스 발차(Agnes Baltsa)의 수채화 같이 투명한 음색이 찬연히 울려 퍼지며 절묘한 조화를 이루고 있기 때문입니다. 이 가곡집을 엄격한 잣대로 클래식과 대중가요로 구별하기는 힘듭니다.

아그네스 발차는 오페라 〈카르멘〉에서 초인적인 성량을 발휘한 메조소프라노입니다. 그리스 레프카스(Lefkas)에서 태어나 7세에 피아노, 9세에 성악을 시작하여 조르주 에네스코 콩쿠르에서 우승하는 등 오페라 극장에서 그녀의 인기는 대단했습니다. 특히 체루비노, 옥타비안, 도라벨라, 카르멘 역에서 보여준 성량과 연기는 매우 인상 깊습니다.

조국을 잃는다는 것은 참담한 현실입니다. 또한 조국이 있어도
제대로 숨 쉬지 못한다면 그것 역시 불행입니다. 젊은이들에겐 더욱
그렇습니다. 활짝 피어나야 할 청춘의 꽃. 독재의 품 안에서 어린 나이에
세상을 다 살아본 것처럼 마음의 상처로 가득했던 분단의 날들. 인생에서
가장 화려해야 할 젊은 날에 겪는 입시, 실패, 좌절, 입영 등 조국이
가져다준 또 하나의 슬픔. 자유롭게 날개를 펼칠 수 있는 날들을 기다리며,
나라 없이 국경을 떠도는 유랑민을 생각하며
조금이나마 마음의 위안을 얻어 봅니다.

찻잔 속을 바라봅니다. 풋풋한 향내음. 오월의 푸른 물결. 차 향기로 넘실거리는 바다가 펼쳐지고 있습니다. 사색, 고요, 이야기, 인내, 시간 등 자연과 인간의 바다가 고요히 숨죽이고 있습니다. 다정하게 우러나는 향기 속에서……

정해미술관 소장

마음이 흔들리면
큰 물결이 밀려옵니다

케텔베이
페르시아의 시장에서

고추밭 햇살이 뜨겁습니다. 호흡조차 가쁩니다. 차를 우려내어 냉동고에 얼린 찻물을 마십니다. 눈이 더욱 부십니다. 어찌 보면 한여름 자연의 열기가 거대한 훈증막 같습니다. 덩달아 붉은 고추들이 주렁주렁 물결칩니다. 매운 고추 아니랄까 봐 여지없이 독특한 성격을 드러냅니다. 이내 청양고추처럼 따가운 자외선을 피해 뒷걸음치고야 맙니다. 돗자리를 깔아 놓은 나무 그늘 아래, 결국 드러누워 잠이 들고야 맙니다. 여름날 일상생활의 한 부분이지만, 지치지도 않는 햇살 또한 대단히 무던한 놈입니다. 낮잠은 밤잠을 설치게 하고 시원한 찻물만 재촉합니다. 소변이 끊이지 않습니다. 마지못해 동네 한 바퀴를 돌아보지만 소용없는 일입니다. 그래도 한여름 더위를 견디는 가장 좋은 방법은 음악을 틀어 놓고 지그시 눈을 감는 것입니다. 그리고 그 선율을 따라가 봅니다. 양탄자가 출렁출렁 하늘을 날고 있습니다. 양탄자를 타고 있는 신드바드는 바로 저입니다. 호기심 가득한 눈빛. 어느새 어린아이로 돌아갑니다. 호수를 건너 삼나무 숲 정수리에 머무릅니다. 노루, 고라니, 날다람쥐 등이 숲을 뛰어다닙니다. 파도가 물결치는 바다에 양탄자를 멈춥니다. 발을 담급니다. 시원합니다. 양탄자는 스킨스쿠버가 됩니다. 푸른 대지와 산맥을 지나 오아시스가 펼쳐지는 사막. 간간이 불어오는 모래바람. 한 폭의 풍경이 눈앞에 펼쳐집니다.
인상주의 음악가인 케텔베이(Albert Ketèlbey)의 '페르시아의 시장에서(In a Persian Market - Intermezzo Scene)'입니다. 동양적인 정취의 음악. 인상주의 음악답게 한 편의 파노라마가 펼쳐집니다. 시각과 청각을 열어주는 서정적인 선율, 서경적인 화면이 자연스럽게 다가옵니다. 천천히 걸어오는 한 무리의 낙타.

정해미술관 소장

시장 사람들의 재잘거리는 소리. 시정잡배들의 난동 소리. 족장의 딸들이 종자와 행렬을 지어 지나갑니다. 피리 소리에 뱀들이 춤을 춥니다. 원숭이는 스리 지릅니다. 영국 사람인 케텔베이는 상상의 선율로 페르시아의 시장을 그리고 있습니다. 평론가들은 이를 묘사 음악이라 부릅니다. 또한 페르시아라는 이름을 붙이고 있지만 실제 페르시아의 전통 음악을 도입한 것은 아니라고 합니다. 단지 유럽인이 느끼는 동양풍의 선율입니다. 이미지를 대신하는 감각적인 선율의 묘사가 참으로 탁월합니다. 마치 현장감이 넘치는 화면 속의 선율이라 해도 무방할 것입니다. 그곳에 정중동(靜中動)이 있는 것입니다. 억새풀 사이를 걸어가는 영화 〈서편제〉의 송화처럼 낙도 가락이 생각나듯, 이 곡 역시 신비스러운 마법의 길을 인도하는 것처럼 우리 정서에 자연스럽게 스며듭니다.

양탄자를 툭툭 두드리며 다시 하늘을 납니다. 양탄자에 놓인 다관에서 차를 따릅니다. 목을 적시자 상큼한 향내가 바람결에 사라져 갑니다.

눈을 감으며 음미하는 언저리의 세계. 그곳이 어디든 날아갈 수 있고,
옛 선인을 만날 수도 있습니다. 선율도 그렇고 한 잔의 차도 마찬가지입니다.
그 세계는 바로 우리의 마음자리입니다. 마음자리는 공허의 세계이자, 곧 충만의
세계이기 때문입니다. 시각, 청각, 미각 등 오감(伍感)이 각기 하나일 수 없듯
우리의 마음 또한 하나입니다. 마음이 흔들리면 큰 물결이 밀려옵니다.
중심을 잡는 그 세계는 바로 나 자신입니다.

날아가는 양탄자에 앉아 차를 마시고 소리에 몸을 맡겨 보십시오. 소리와 차의 세계는 하나일 수밖에 없습니다. 바로 자기 자신이기 때문입니다. 한여름 밤 양탄자를 타고 신드바드가 되어 보시길 바랍니다. 입가에 미소가 번질 것입니다. 그곳이 어디든 자유롭게 갈 수 있기 때문입니다.

찻잔에 달빛이
가득하고 향이 넘칩니다

드뷔시
달빛Clair de lune

빗방울이 잦아듭니다. 무더위를 날리는 하늘의 각성제입니다. 기진맥진했던 숲의 나뭇잎들은 활력을 되찾은 듯 촉촉하게 빛이 납니다. 먹구름이 밀려납니다. 정화의 밤을 바로 앞둔 늦은 오후의 시간. 한바탕 숙면을 취한 듯 나른한 시간입니다. 물기에 젖은 흙냄새가 솟아오릅니다. 자연의 보고(寶庫)이자 생명의 비타민입니다. 하늘의 기운과 땅의 충만함이 만나는 계절. 대지의 열매들은 성숙함으로 물들어 갑니다. 빗방울을 머금은 넓은 토란잎은 금방이라도 영롱한 진주를 토해낼 듯합니다. 멀대 같은 옥수수는 수염이 길게 자라나고, 고구마 줄기는 얽히고설켜 자신들을 감싸고돕니다. 기운이 펄펄 넘치는 파릇파릇한 생강 잎은 자못 도도합니다. 머지않아 고추들도 붉은 정염의 화신으로 변신할 것입니다.

이곳저곳 밭고랑을 걷는 사이, 시나브로 맑고 청명한 푸른 밤이 찾아들 듯합니다. 한창인 여름이라 낮 같은 밤입니다. 숲으로 향합니다. 아무리 늦어도 하루에 한 번쯤은 들러보는 숲. 뒤늦은 인사지만 나무들을 어루만지고 비비며 가만히 귀 기울여 봅니다. 그곳엔 의연한 순례자의 위엄이 있고, 신성한 정령의 말씀이 살아 숨 쉽니다. 바스락거리는 소리. 뭉툭한 주둥이, 뚜렷한 검은색과 흰색 띠가 있는 원통 모양의 얼굴, 땅딸막한 몸매. 오소리입니다. 족제비, 노루, 고라니, 멧돼지 등은 흔히 보았어도 오소리라뇨. 산과 산 사이를 넘나들며 이 작은 야산까지 드나들 줄은 몰랐습니다. 하기야 이곳이 원래 다 야산이었습니다. 야산을 개간하여 밭을 만들고 고구마, 인삼 등 뿌리 작물들이 주를 이루니 녀석들도 터를 잡을 만하겠다 싶었습니다. 녀석은 그저 저를 멀뚱히 쳐다보더니 이내 자취를 감추고야 맙니다. 달빛이 숲에 찾아드는 밤입니다.

메멘토 作

달밤. 비가 그친 뒤에 피어나는 달밤의 달빛, 그리고 드뷔시의 '달빛'을 숙우(熟盂)에 가득 끌어 담습니다. 어둠 속 피어나는 안개처럼 피아노 선율은 아스라히 흔들리기 시작합니다. 고요한 밤의 빛 그림자. 저를 아늑한 골짜기로 이끄는 듯합니다. 인상주의 음악가 드뷔시(Claude Debussy)가 작곡한 『베르가마스크 모음곡(Suite Bergamasque)』 중 제3곡인 '달빛'입니다. 고요한 밤에 달빛이 비치는 풍경을 표현했다고 전해집니다. 당대의 주된 기류였던 낭만주의를 벗어난 이미지 음악, 즉 인상주의 음악입니다. 신비롭고 고요한 숲속의 이미지가 리듬을 타는 듯합니다. 세상 사람들에게 달은 희망과 꿈, 이상향의 산물입니다. 드뷔시의 달빛은 이와는 조금 결이 다른 은막의 무대를 연상하게 합니다. 흐릿한 윤곽선이 피어오릅니다. 몽환적인 무릉도원의 세계가 한 폭의 수묵화처럼 번져갑니다. 일찍이 달은 음(陰)과 여성의 의미를 내포하고 있는, 밤을 상징하는 산물이었습니다. 그러나 무엇보다 드뷔시는 '초승달 - 상현달 - 보름달 - 하현달 - 그믐달'로 이어지는 달의 변화를 그 선율에 고스란히 옮겨 놓지 않았나 싶습니다. 그리하여 세상 사람들에게 가장 아름다운 곡으로 사랑받는 것이 아닐까 생각합니다. 삼라만상 변화가 있는 곳, 저기 저 달과 달빛. 무언의 변화와 무언의 이야기들이 살아 꿈틀거리는 존재입니다. 숙우에 담긴 달빛을 찻잔에 따릅니다. 찻잔에 또다시 달빛이 가득하고 향이 넘칩니다. 달은 자신의 동일성만을 고집하지 않습니다. 순환에 따라 묵묵히 자신의 정체성을 수정해 나가는 존재인 것입니다.

똑, 똑, 똑. 달빛이 움직이는 것일까요? 숙우가 움직이는 것일까요? 아니면 제가 움직이는 것일까요? 찻물이 가득한 숙우 속에서 달빛이 춤을 춥니다. 나 아닌 나에게로.

여름입니다. 햇살이 얼굴을 어루만지는 홍염(紅艶)의 계절. 거대한 숲. 한걸음 물러서서 눈을 감고 반석 위에 눕습니다. 눈가에는 기쁨이 가득한 시공간이 열리고, 입이 열리며 미각의 세계가 절로 펼쳐집니다. 숨구멍들이 파닥파닥 꿈틀거립니다. 자연의 맛. 태초에 원시적인 인간이었음을 녹염(綠艶)의 세계에서 메아리칩니다. 흔들리는 나뭇잎 사이로 햇살이 눈을 뜨겁게 적십니다.

소나무입니다. 소나무를 꽁꽁 붙잡고 사는 기생 식물이 돋보입니다. 덩굴식물. 일명 양반꽃이라 불리는 능소화입니다. 몸뚱이가 제 팔뚝보다 굵습니다. 꽤나 나이가 드셨습니다. 그 등줄기가 소나무 정수리까지 기어올랐습니다. 어쩌면 뜨거운 여름은 이글이글 타오르는 덩굴식물들의 행진곡입니다. 타오르는 목마름. 커다란 기둥나무를 붙잡고 그 끝자락에서 요동칩니다. 흔들리는 거센 파도의 물결처럼. 고뇌와 갈등들은 저 멀리 두고, 나 하나 살기 위해 소나무를 붙들고 애원하며 기어오르는 열정의 시간들. 나는 그 끝에서 기어이 꽃을 피웁니다. 한여름, 저 하늘의 뜨거운 열정이 절정에 다다를 때 말입니다.

절정이라는 욕망 아래서 달아오르는 꽃. 늦은 여름밤, 그 꽃들을 생각하며 비외탕(Henri Vieuxtemps)의 '비올라와 피아노를 위한 엘레지(비가悲歌)'에 동선(同船)합니다. 일정한 템포의 피아노 선율이 비올라의 그림자처럼 묵묵히 고개를 듭니다. 다 표현할 수 없는 속마음. 애잔함이 절로 흐릅니다. 비올라는 닻이라는 날개를 걷어 올립니다. 잔잔한 너울이 흐르고, 그 위로 격한 감정들을 숨기는 활의 시위가 파고를 넘습니다. 고독한 호소력입니다. 자연스럽습니다. 인내의 시간들을 가슴에 담습니다. 섬세한 비올라 음색이 아름답기 그지없는 서정적인 향기를 내뿜습니다. 조금씩 일렁거리는 피아노 그림자 속에서 그 감정들을 억제합니다. 때론 격한 울분을 토해내기도 하지만, 세상을 달관한 선지자처럼 마음을 추스르며 고개 숙입니다. 너와 나는 하나라는 선율 아래서 긴장과 이완이 균형을 이루고 있습니다. 종내(終乃)에는 거센 폭풍우에 맡겨 보려 하지만 휴화산 같은 애절함으로 고개 숙입니다. 슬픔을 뛰어넘는 아름다운 승화입니다. 이 세상 어디에도 말할 수 없는, 몸짓으로도 다 표현할 수 없는, 모든 것은 결국 욕심의 산물이라고. 고요한 여름밤 꽃을 피웁니다. 가슴속에 살아 숨 쉬어야 하는 메아리라고. 별들이 살포시 반짝이는 밤입니다. 드러내지 않아도 자연스럽게 빛을 내는 별들입니다. 밤이기 때문입니다. 인위적인 것이 없습니다. 자연스럽습니다. 묵묵합니다. 그래서 더욱 아름답습니다.

스스로 꽃이 되려
하지 마십시오

양리 비외탕
비올라와 피아노를 위한 엘레지(비가悲歌)

무언가를 애써 포장하지 않아도
언젠가는 그 진면목을 알게 될 것입니다.
그리하여 영원히 빛나는 저 하늘의 빛처럼
살아 숨 쉬겠지요. 누군가에게 자신을
알리려 애쓰지 마십시오. 그저 지나가는
산들바람처럼, 내 욕심을 내려놓으면 그만
인 것입니다. 느리게 더 느리게, 아주
느리게, 천천히 길을 가는 것입니다.
설령 세상이 그 존재조차 모른다
하더라도, 죽음이 오면 자랑스럽게 맞이
하면 그만인 것입니다. 늘 한 잔의 차가
속삭입니다. 스스로 꽃이 되려 하지 말라고.

삶의 마지막 순간들을
함께할 수 있는 것들을 준비하십시오

알렉산드르 보로딘Alexander Borodin
현악 4중주 제2번 3악장 야상곡 Notturno

한여름의 밤하늘입니다. 무덥습니다. 평상에 누워 총총한
하늘을 바라보는 맛. 한적한 시골의 정취. 아기자기한
재미이자 작은 묘미입니다. 간간이 밀고 당기는
신선한 바람. 지그시 눈을 떴다 감기를 반복합니다.

Notturno

하늘의 숱한 야영꾼들. 불빛에 비친 실루엣처럼 본연의 자태를 슬쩍슬쩍 과시합니다. 반짝거리는 별빛을 무대로 나만의 양탄자는 날아다닙니다. 지나간 해후들, 오늘의 애수들, 나일의 이야기들이 자유롭게 훨훨 날아서 펼쳐집니다. 꿈과 사랑, 현실 속의 모든 것들을 가득 안고 어디에든 갈 수 있습니다. 나만의 양탄자. 지금 이 순간 아름다운 이야기로 은하수를 건넙니다. 고혹적인 속삭임으로 그대들에게 다가갑니다. 찰나의 순간들을 가득 안고서.

저음의 감미롭고 달콤한 선율. 첼로의 매력이 오롯이 드러나는 여운입니다. 아내에게 헌정했던 보로딘의 현악 4중주 2번 3악장 녹턴(야상곡)입니다. 러시아 국민악파의 창시자 중 한 명으로 널리 알려졌으며, 첼로의 명수이기도 했던 화학자 보로딘. 미소를 머금고 지그시 바라보는 그의 얼굴을 떠올리게 합니다. 여린 마음의 소유자였을 것입니다. 바이올린입니다. 단순한 선율이지만 아주 섬세합니다. 서정적이며 우아합니다. 바이올린과 비올라, 바이올린과 첼로. 발랄하며 상큼합니다. 또다시 부드럽고 고운 선율입니다. 단순한 선율의 반복이지만, 사랑하는 여인과의 대화처럼 서로가 교차하며 활시위를 넘나듭니다. 꿈을 꾸는 듯 긴 마법에 빠질 것 같은 시간. 아름다운 꿈들이 나래를 펼치며 환희의 찬가를 속삭입니다. 어떤 이들은 깊은 밤 아내에게 속삭이는 달콤한 밀어라고 이야기합니다. 곡 자체만으로도 참으로 아름다운 선율입니다.

나만의 양탄자. 하늘을 훨훨 날아다니는 양탄자. 비록 현실에서 동떨어진 이야기일지라도 내 안의 양탄자를 만드십시오. 나만의 즐거움을 느낄 수 있는, 각박한 현실일수록 천천히 느린 걸음으로 말입니다. 나무를 다듬는 조각도, 아름다움을 담을 수 있는 카메라, 상상을 펼치는 펜과 붓. 삶의 마지막 순간들을 함께할 수 있는 것들을 준비하십시오. 조금씩 아주 조금씩. 나무를 가꾸고 화초를 기르는 사람. 책을 읽고 음악을 듣는 사람. 자연을 벗 삼아 산행하는 사람. 악기를 연주하는 사람. 양탄자와 함께하는 자신의 삶의 마지막 순간들을 상상해 보십시오. 사랑하는 사람과 더불어라면 더욱 아름다운 삶의 마지막일 것입니다. 지금 이 순간. 이국적인 정취, 서정적인 울림이 바람과 공기를 타고 흐릅니다. 어찌 즐겁지 아니하겠습니까. 여전히 눈을 감고 상상의 나래를 펼칩니다. 아침이면 다관의 온기를 느끼며 하루의 마음을 다잡을 것입니다. 한 잔의 차를 통해 나를 되돌아보는 시간, 이것 역시 음악과 함께하는 내 안의 양탄자인 것입니다. 내 안의 양탄자. 선율과 한 잔의 차. 차 향기는 리듬을 타고 흐릅니다. 아름다운 환상의 세계로.

옛것을 떠올린다는 것은
새로운 출발을 알리는 것입니다

프란티셰크 드르들라
추억Souvenir

정해미술관 소장

향기들이 춤을 춥니다. 살포시. 여린 걸음으로. 지천에 웅크리고 앉은 민들레, 제
비꽃 등 이름 모를 야생화들. 그들의 숨결은 바람결에 내 곁으로 사뿐히 날아듭니
다. 어디에서 왔는지, 은근히 자신들의 존재를 들이밀고 있는 것입니다. 누군가
에게 소리 소문 없이 그들의 사랑스러운 마음을 아낌없이 내어주는 것입니다. 행
복해하는 그들의 미소. 무엇 하나 바라는 것이 없습니다. 그들이 즐겁다면 그것이
야생의 순리이며 삶입니다. 있는 그대로 내어주는 것입니다. 푸른 향으로 일어나
는 계절입니다. 온갖 꽃들과 털갈이하는 나뭇잎들이 전해주는 성스러운 은총의
울림. 스르르 잠들어 가는 따스한 날들의 회상. 누군가를 기억한다는 것. 어딘가
를 떠올린다는 것. 그리 멀지 않은 곳, 바로 저기 있다는 것. 내 안에 있다는 것.
두 눈을 감으며 묵상에 잠깁니다.
오스트리아 빈(Wien)의 중앙묘지에서 즉흥적으로 작곡한 프란티셰크 드르들라
(František Drdla)의 '추억'입니다. 신선한 바람과 따스한 햇볕 속에 찾아드는 피
아노 선율이 몸을 나른하게 만듭니다. 아장아장 걸어가는 듯한, 떠나고 싶지 않은
마음이 더 큽니다. 아쉬움으로 전해지는 회상이랄까요. 은은하게 들려오는 바이
올린 선율, 귓가에 호흡하는 달콤한 속삭임이 감미로움을 더해줍니다.

어딘가에 머물고 싶은 강렬한 욕구가 치솟습니다. 그곳어 있겠지. 언제나, 늘 변함없이 애지중지 소중한 것. 숨결 같은 바람이 춤을 춥니다. 꿈속을 거닐고 있습니다. 여기저기 되돌아보는 시간들, 나를 붙잡는 여운들, 사진 속에 살아 있는 것들. 결코 화려한 선율이 아닙니다. 소소함이 살아 있는 이야기, 포근함이 밀려오는 바이올린의 숨소리입니다. 피아노와 바이올린의 대화는 옛이야기들로 꽃을 피웁니다. 그것이 무엇이었든, 그곳이 어디였든, 함께한 시간이었기에. 베토벤, 슈베르트, 브람스, 모차르트가 잠들어 있는 중앙묘지, 드르들라에겐 늘 이곳이 영혼의 안식처였습니다. 묘지에서 태어난 '추억'입니다.

옛것을 떠올린다는 것, 옛 흔적들을 밟는다는 것. 사람이라던 누구나 그 자취들을 뒤밟을 것입니다. 나약한 인간이기데, 자신을 감추고 싶은 동시에 드러내고 싶은 이중적인 마음을 지녔습니다. 사람은 회귀(回歸)의 본능을 가진 존재이기에 자꾸 뒤를 돌아보는 것입니다. 그러나 그것은 새로운 출발의 다짐이기도 합니다. 나를 바로 세우는 지름길, 추억이든 회상이든 그것은 감미로운 출발의 변곡점입니다.

무더운 여름. 시원한 소나기가 그리운 나날들입니다. 옛 선인의 글을 읽으며 조금이나마 더위를 식혀봅니다. 달이 둥실 떠오른 밤입니다. 한 잔의 차를 마시며 소리를 듣는 여유야말로 삶의 또 다른 즐거움입니다. 즐거움이 어디 따로 있겠습니까. 찰나의 한순간이라도 만족하면 그만 아니겠습니까.

누군가를 부르는 감미로운 소리. 지그시 미소를 띠며 눈을 감습니다. 선율에 호흡을 맞추며 머리를 움직입니다. 이탈리아의 피아니스트 겸 작곡가인 엔리코 토셀리(Enrico Toselli)의 '세레나데(Serenade)'입니다. 귓가를 살짝 끌어당기듯 머리카락을 쓰다듬습니다. 매혹적인 바이올린입니다. 젊은 날의 사랑, 실연의 아픔을 노래하여 일명 '후회(Rimpianto)'라고도 불립니다. 17세에 작곡한 사랑의 세레나데입니다. 한여름 달밤을 어루만지는 곡으로 제격입니다. 우아한 자태에 넋을 잃고 바라보는 시선이 느껴집니다. 모든 청춘에게 한 번쯤은 아픔이 있었음을 속삭이는 듯합니다. 젊은 날의 아픈 청춘이 아름다운 선율로 옛 밀어를 나눕니다. 세계의 유명 오페라 가수들이 한 번쯤은 옛사랑을 떠올리며 불러보는 사랑의 세레나데. 하지만 가곡보다는 바이올린이 회상하는 선율이 더 애절하게 다가오는 건 어인 까닭일까요. 사람들은 굳이 말하지 않아도, 소리만 들어도 이심전심으로 느낄 수 있는 것입니다. 그것이 바로 젊은 날의 삶이었고, 애절한 아름다움이었으니까요.

소나기. 한바탕 내려 쏟아붓는 소나기. 세상을 살아가다 보면 인간 누구에게나 갑작스럽게 찾아드는 가슴 아픈 소나기가 있을 것입니다. 번개나 천둥, 강풍을 데리고 다니면서 말입니다. 때론 소나기를 맞기도 하고 피하기도 하는 그런 삶들. 슬픔과 웃음을 동반한 요란스러운 삶들.

고통이었든 즐거움이었든 모두가 찰나의 한순간입니다. 시간이 지나면 우리는 이야기합니다. "왜 그때 그렇게 할 수밖에 없었지." 쓴웃음을 지으면서 뒤돌아봅니다. 삶에 있어 소나기는 우리 자신을 되돌아보게 하는 인생의 촉매제입니다. 그 거센 소나기를 맞고 나서야 한층 성숙한 인간으로 새롭게 출발하기 때문입니다. 아직 늦지 않았으니. 그것은 새로운 시작을 알리는 소나기였으니까요.

즐거움이 어디 따로 있겠습니까?
찰나의 한순간이라도 만족하면 그만입니다

엔리코 토셀리
세레나테(후회)

어지러운 바람 소나기 몰아오니, 앞 기둥은 온통 물에 젖었구나.
폭포인 양 처마를 따라 떨어지고, 여울처럼 섬돌을 둘러 넘쳐흐르네.
이미 무더위 싹 씻어 없애고 나니, 다시 상쾌한 기운 많이 일어나네.
저녁나절 먹구름 걷히자, 옷깃 헤치고 밝은 달을 마주한다.
허적(許䙫, 1563~1640), 『소나기(驟雨)』

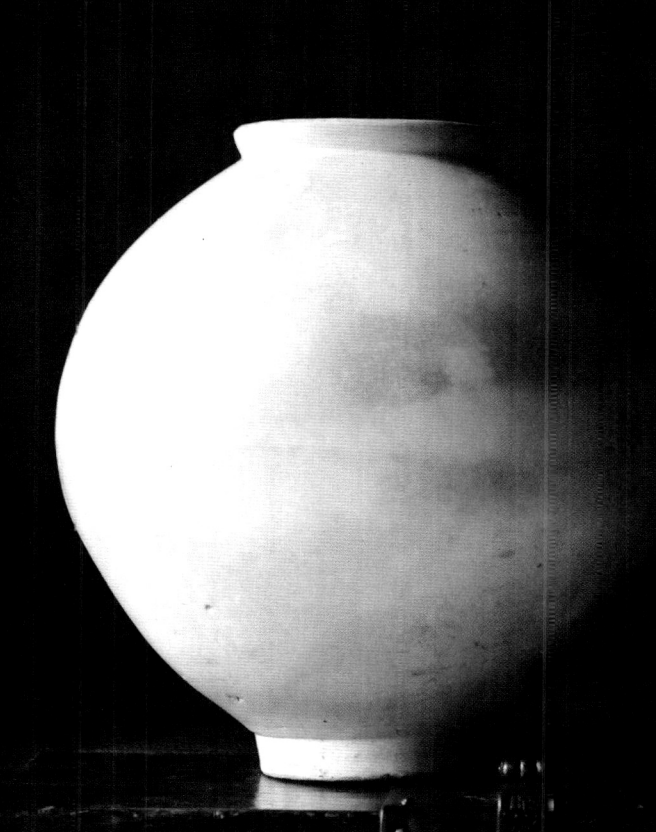

Siciliano

바람이 불어오는 곳에서
모든 것은 시작됩니다

J.S. 바흐
시칠리아노Siciliano

여린 이슬비들이 아기 걸음처럼 다가옵니다. 고요합니다. 촉촉합니다. 예쁩니다. 살며시 지상의 모든 대지를 어루만집니다. 소리 소문 없이. 이슬비를 바라보는 마음도 가볍고 상쾌합니다. 숲의 나뭇잎들은 간지러운 듯합니다. 여름날의 작은 미소입니다. 비가 그치면 대지의 숲은 향긋한 숨을 내쉽니다. 빗물을 머금은 풀들은 초롱초롱 빛납니다. 검은 구름을 뚫고 나온 햇살도 마냥 신이 납니다. 더위를 한순간 식혀주는 아름다운 대지의 역동성입니다. 아름답다는 것. 우아하다는 것. 예쁘다는 것. 모두 삶의 즐거움입니다. 무언가를 바라보고 느낄 수 있다는 것, 그것은 제 자신이 살아 있다는 걸 말해주는 것입니다. 살아 있다는 것은 보고 느끼고 감탄할 수 있다는 뜻입니다. 아직은 삶이 삭막하지 않은, 순수의 시대를 걷고 있다는 증거입니다. 강렬한 태양. 코발트색의 지중해. 사람들은 한 폭의 수채화라고 말합니다. 영화 〈태양은 가득히〉의 톰 리플리(알랭 들롱)는 나폴리 해변 의자에 앉아 햇살을 만끽합니다. 살아 있는 자신을 바라보면서 'Paroles Paroles(달콤한 속삭임)'을 노래합니다. 이탈리아 지중해 남부의 섬 시칠리아. 바흐의 플루트 연주곡, '시칠리아노'가 영화 〈대부〉와 〈태양은 가득히〉를 떠올리게 합니다. 「플루트와 하프시코드를 위한 소나타(BWV 1031)」. 시칠리아섬의 아름다운 풍경을 노래한 2악장의 아주 짧은 곡입니다. 플루트의 향기가 참으로 일미(一味)입니다. 경건하며 평화로운 정경의 시칠리아섬을 노래합니다. 목가적이며 아름다운 선율이 지중해의 나른한 오후를 떠오르게 합니다. 올리브나무가 있는 정원. 강렬한 햇살. 생각만으로도 나른한 오후, 선잠의 세계로 이끕니다. 느린 서정미의 기웃거림.

선율은 천천히 느린 걸음으로 시칠리아 주위를 감싸고 돕니다. 시칠리아노(Siciliano). 17세기에서 18세기 무렵 이탈리아 시칠리아섬에서 유래한 민속 춤곡입니다. 8분의 6박자 또는 8분의 12박자로 되어 있으며, 펼침화음(分散和音)으로 반주되는 것이 특징입니다. 그리하여 아름답고 전원적인 풍경을 노래하는 시칠리아 양식으로 널리 쓰이게 되었습니다.

이탈리아, 그리스 등 지중해 연안 국가의 섬사람들은 늘 바다에서 펼쳐지는 자연 현상 앞에 경건한 마음으로 기도하며 살았습니다. 평온한 마음으로, 때론 태풍과 거친 바람 속에서 사람들은 자연 현상에 고개 숙이며 순응했습니다. 그것을 신들의 언어라 생각했기 때문입니다. 그들은 바닷바람 냄새로 하루를 시작하고, 바닷바람 냄새로 하루를 미감합니다. 바닷바람 냄새로 무더위가 오는지, 비가 오는지, 태풍기 오는지 가늠합니다. 숙명과도 같은 자연 현상 앞에서 그들은 늘 바람이 불어오는 곳을 바라보며 살아갑니다.

이슬비는 여전히 내리고 있습니다. 창문을 열고 숲을 바라봅니다. 바라보는 숲의 정적. 사람들은 보이지 않습니다. 태풍이 오기 전 고요한 전초전, 마치 전야제인 셈입니다. 바람이 조금씩 꿈틀거립니다. 이슬비는 어느새 거친 빗방울로 갈아타기 시작합니다. 순간순간 변하는 자연의 현상들. 평온했을 때의 그 모습은 더할 나위 없이 아름답습니다. 바람이 불어오는 곳에서 모든 것은 시작됩니다. 인간의 삶도 마찬가지입니다.

뒤돌아보면 모든 인간관계의 서막은 제 자신의 마음속에서 시작도 었습니다. 어떤 계기가 있었기에 꿈꾸듯 그 길을 걸었을 것입니다. 그리고 삶의 원인과 결과라는 산물 앞에서, 모든 것은 제 자신에게서 비롯된 것이라 후회하곤 합니다. 바람이 불어오는 곳. 그것은 뜨겁고도 차디찬 가슴입니다. 인간의 마음은 여린 이슬비와 같습니다. 어떤 바람이 었는지, 그 바람의 방향 속에서 끊임없이 바뀌어 갈 뿐입니다. 다관 속에서 우러나는 맑은 차향. 바람이 붑니다. 제 마음속에도.

다듬고 새기고 만든다는 것,
그것은 흐르는 시간과의 싸움입니다

멘델스존
피아노 협주곡 1번 2악장 Andante

조각도를 손에 쥐었습니다. 그동안 묵히고 묵힌 칼이라 그런지 낯선 눈빛으로 다가옵니다. 훌쩍 많은 시간이 흐르고 말았습니다. 정과 나무망치도 그 신세가 처량합니다. 게으름의 극치라 할 만합니다. 오래전, 나무에 마음을 새기고 소리를 다듬곤 했습니다. 인식된 존재 위에 다시 유채 물감을 바르는 작업, 회화와 조각을 접목해 새로운 조형 개념을 창출하는 '오브제(Objet)' 형식의 작업이었습니다. 오늘 못하면 내일, 내일 못하면 모레. 제 삶의 버릇처럼 작업은 느리게, 더 늦어지고 말았습니다. 이것이 좋은 것인지 나쁜 것인지는 알 수 없습니다.

문득 조각도를 손수 만들어준 친구의 말이 떠오릅니다. "조각가는 술을 마시면 칼을 잡지 않는다." 창고 한구석에 자리한 가죽나무 몸뚱이들이 기다리다 지친 지도 오래입니다. 그 위로 먼지가 쌓여 층을 이루었습니다. 이 가죽나무 역시 집 짓는 일을 하는 친구가 가져다준 것입니다. 친구들의 고마운 마음도 몰라주고 여태 뭉그적거렸으니 실로 미안할 따름입니다. 다듬고 새기고 무엇인가를 만든다는 것, 그것은 결국 흐르는 시간과의 싸움입니다.

멘델스존의 '피아노 협주곡 1번'. 런던에서 이 곡이 초연된 후, 멘델스존은 편지에 이렇게 적었습니다. "내 생애 이렇게 성공한 적은 없었다. 청중은 거센 흥분과 감격의 폭풍을 일으켰다." 그중에서도 온화하고 로맨틱한 정서를 발산하는 2악장 '안단테(Andante)'는 각별합니다. 6분 남짓한 짧은 연주 시간이지만, 자기 자신을 다스리는 인간의 감정과 마음의 동요를 절제하는 미학이 탁월합니다. 선을 벗어나지 않는 온화한 피아노 소리에 첼로와 콘트라베이스의 감미로움이 더해지면 따스한 충만함이 가득 차오릅니다. 하나의 곡이 세상에 나오기까지 선율은 상상의 날개 위에서 춤추며 그려집니다. 풀잎에 떨어지는 이슬방울, 바람에 휘날리는 잎사귀, 흐르는 강물과 요동치는 파도, 그리고 마주하는 찰나의 빛처럼 말입니다. 머릿속을 넘나드는 시공간의 영역, 그 혼돈의 세계를 넘어 정화의 밤에 이르기까지는 오랜 인내의 시간이 필요한 법입니다.

가죽나무를 들여놓은 지 어느덧 10년입니다. 그늘에서 나무의 습기를 말리고 건조하기까지 참으로 긴 시간이 지났습니다. 하루하루 시선에서 벗어나지 않았던 나무입니다. 어떤 날은 나무껍질을 슬쩍 벗겨보기도 했습니다. 기묘한 물결무늬와 붉은빛이 감도는 아름다운 색깔. 가죽나무의 속살이 그리워 마주할 날을 기다리고 또 기다렸습니다. 양팔 가득 안기는 가죽나무는 그냥 보고만 있더도 가슴이 벅찼습니다. **차(茶)도 우러나면 우러날수록 더 깊은 맛이 나듯, 인위적으로 할 수 없는 일들이 있습니다. 시간이 흘러야만 완성되는 것들, 그것은 기다림의 연속입니다.** 목재소를 거쳐 온 나무는 이제 새로운 생명으로 빛을 더할 것입니다. 그 배경에는 아름다운 물결이 꿈틀거리고, 밑그림 위로 조각칼이 윤곽을 드러내겠지요. 선명한 윤곽선 위에는 다양한 유채 물감들이 덧칠해질 것입니다. 그렇기 나무와 내가 온전히 마주하는 순간, 비로소 나의 싸움은 끝이 납니다. 고요합니다. 찻물이 깊게 우러나고 있습니다.

매일매일
꽃이 핍니다,
일일화 一日花

장 필립 라모의 '슬픈 의식Tristes Apprêts'

"규화(접시꽃)에게 물었네. 그렇게 후미진 곳에 뿌리박고서 좋은
시절마저 이미 저물었으니, 어느 날에나 해를 보겠나. 규화가 답하네.
이르고 늦음은 각기 때가 있다오. 팔십 노구에 목야(牧野)에서 깃발을
날리던 이(강태공)가 누구인지 그대는 알 것이오."

정온(鄭蘊, 1569~1641), 『규화에게 묻다(問葵花)』

매일 새로운 꽃송이가 피어난다 하여 '일일화(一日花)'라 불리는 접시꽃. 그 규화
가 활짝 피었습니다. 진분홍 꽃도 좋지만, 저는 청순한 흰색 꽃에 더 마음이 향합
니다. 후미진 곳에서 여름이 오기를 기다려온 꽃. 뜨거운 햇살 아래 얼굴을 내밀며
묵도의 시간을 보냅니다. 일일화, 하루하루 피어나는 꽃잎들. 그 하루가 어떤 날
이었는지, 무엇을 의미하는지, 고뇌의 시간이었는지 혹은 열정의 나날이었는지,
저 하늘 위 뜨거운 햇살만이 알고 웃음 짓습니다. 텔라이라 공주가 노래합니다.

"슬픈 의식, 창백한 햇불이여. 어둠보다 더 무서운 날.
무덤가의 끔찍한 별들이여. 아니요, 나는 당신의 장례식 불빛만을 볼 것입니다.
내 마음을 앗아간 당신의 아버지, 태양이여, 오 아버지여. 나는 더 이상 축복을
원치 않으며 당신의 빛을 포기합니다. 슬픈 의식, 창백한 햇불이여.
어둠보다 더 무서운 무덤의 슬픈 별이여.
아니, 나는 오직 당신의 장례식 불빛만을 바라볼 것입니다."

애절한 선율이 잔잔한 호흡으로 밀려옵니다. 느린 걸음으로 호수를 에워싸는 물
안개가 피어오르는 듯합니다. 누군가를 기억한다는 것, 그것은 그리움으로 비어
있는 공간을 가득 채우는 일입니다. 떨림은 깊은 내면의 호소력으로 발산됩니다.
신에 대한 원망은 어찌할 수 없는 것, 그저 찰나의 탄식일 뿐입니다. 밀려오는 상
실감과 슬픔, 가슴이 미어지는 고통. 한 여인의 구슬픈 메아리와 무덤 속 슬픈 별
만이 하늘을 가득 채웁니다.

장 필립 라모(Jean-Philippe Rameau)의 오페라 「카스토르와 폴륵스(Castor et Pollux)」 1막 3장에 등장하는 아리아 '슬픈 의식(Tristes apprêts)'입니다. 불사신 폴룩스와 죽을 운명을 타고난 카스토르, 쌍둥이 형제의 우애를 다루는 이 오페라에서 두 형제는 모두 텔라이라(Telaira) 공주를 사랑하지만, 공주는 카스토르만을 사랑합니다. 전쟁터에서 카스토르가 죽음을 맞이하자, 그의 장례식에서 텔라이라가 부르는 노래가 바로 이 곡입니다. 사랑하는 연인을 잃은 슬픔과 상실을 노래하고 있습니다. 순식간에 벌어진 하루의 일. 그 공허함은 형언할 수 없는 메아리가 되어 울려 퍼집니다.

하루. 하루는 어제도 아니고 내일도 아닙니다. 오직 오늘, 이 순간의 하루입니다. 접시꽃처럼 매일 새로운 꽃을 피우기도 하고, 단 하루를 살다가는 하루살이 같은 삶도 있습니다. 사람들은 대개 내일이라는 희망을 안고 살아갑니다. 그러나 하루의 진정한 의미는 지친 일상 속에서 자주 퇴색되곤 합니다. 인간이 만들어 놓은 물리적인 시간의 의미에 갇히기 때문입니다. 성숙한 너면의 하루가 차곡차곡 쌓여야만 비로소 진정한 내일의 하루가 존재할 수 있습니다. 규화가 답했습니다. 이르고 늦음은 다 때가 있는 법이라고 말입니다. 꽃대에 접시꽃 꽃망울이 또다시 맺힙니다. 옥수수 잎 위로 빗방울이 내립니다. 오늘도 또 귀한 하루를 살았습니다.

사색,
나를 지혜롭게 합니다

오토리노 레스피기
Ottorino Respighi의 '시칠리아나'

늦은 여름밤, 책을 읽어도 눈에 잘 들어오지 않습니다. 창문 너머로 별들이 총총히 빛납니다. 비가 한차례 스쳐 지나간 뒤라 밤공기가 무척 신선합니다. 산책길을 걷다 보면 간간이 사람들과 마주치게 됩니다. 걷기 운동을 하는 사람, 한바탕 다툰 뒤에 집을 나선 사람, 잠이 오지 않아 잠시 바람을 쐬러 나온 사람. 그들의 복장이나 발걸음을 보면 대충 짐작이 갑니다. 늦은 밤길을 나선 목적은 저마다 다르겠지만, 오직 자신만을 위한 시간을 보내고 있다는 점은 같을 것입니다. 사색한다는 것은 홀로 자신을 되돌아보는 일입니다. 조용히 멈추어 설 수 있는 시간의 자리에서, 우리는 생각을 통해 지혜를 얻습니다. 낚시, 등산, 둘레길 산책, 혹은 휴가. 누구에게나 자신만의 사색의 자리는 있을 것입니다. 생각이 없으면 사는 것이 아닙니다. 그것은 곧 마음이라는 공간이 죽은 것과 다름없기 때문입니다. 마음의 근원은 사람입니다. 사람이 곧 마음입니다. 남명 조식(曺植) 선생은 말씀하셨습니다.

"슬픔 중에 마음이 죽는 것보다 더 큰 슬픔은 없다(哀莫大於心死)." 『남명집(南冥集)』

또한 마음이 죽지 않는 약을 구하여 먹는 것이 가장 급하다(求不死之藥 惟食爲急)고도 하셨습니다. 사람마다 다르겠지만, 제게 마음을 살리는 약은 여행과 책, 그리고 음악입니다.깊은 밤, 사색의 선율이 저를 따릅니다. 감미로운 바이올린 소리에 이 순간이 환희로 가득 찹니다. 오토리노 레스피기(Ottorino Respighi)의 「류트를 위한 고풍적 춤곡과 아리아(Ancient Airs and Dances)」 모음곡 제3번 중 3악장 '시칠리아나(Siciliana)'입니다. 바이올린의 목가적인 선율이 매혹적으로 이 밤을 끌어안습니다. 뒤를 받쳐주는 현악 오케스트라의 간결한 선율이 더욱 아름답게 느껴집니다. 잠시 걸음을 멈추고 상상의 세계로 빠져듭니다. 사뿐사뿐 물 흐르듯 고요한 숲의 향기가 감싸고돕니다.

그 향기에 취해 모든 것이 멈춰 선 듯한 착각에 빠집니다. 저음의 물결 명상적인 분위기로 호흡합니다. 선율의 화폭 위에 마음속 풍경화가 절로 그려지는 순간입니다. 다시 밤길을 걷습니다. 이번에는 같은 곡을 그랜드 하프 연주로 들어봅니다. 고대 음유시인들이 읊조리던 하프 소리는 마치 고요한 성당에서 울려 퍼지듯 섬세하고 영롱한 분위기로 저를 이끕니다. 그 뒤를 피아노가 조용히 받쳐줍니다. 여신의 아름다운 숨결이 살아있는 듯합니다. 한 곡을 다른 악기로 감상하는 매력이 바로 여기에 있습니다. '시칠리아나'라는 형식은 17, 18세기 시칠리아 기원의 무곡입니다. 16세기 이탈리아 류트 음악을 주제로 삼아, 목가적이고 명상적인 멜로디를 확대하여 발전시키고 다시 회귀하는 구성입니다. 선율은 대부분 점음표 리듬으로 연주되어 서정적이며, 성격은 조금 다르지만 전원곡인 파스토랄(Pastoral)과도 비슷합니다. 소나타에서는 느린 악장으로, 오페라나 칸타타에서는 아름다운 전원 풍경을 묘사하는 장면에 주로 쓰입니다.

마음이 죽지 않는 약. 여름밤의 선율은 제게 많은 것을 생각하게 합니다. 음악과 함께하는 감미로운 밤길을 양손 뒷짐 지고 걷습니다. 희미한 가로등이 발걸음마다 길을 열어줍니다. 길을 여는 것은 결국 살아 있는 마음입니다. 저의 마음은 음악과 화폭, 그리고 책을 마주하며 살아납니다. 이것이 바로 저의 '마음의 약'입니다. 『장자』에서 공자가 안연에게 말합니다. 사람에게 가장 슬픈 일은 정녕 무엇인가. 바로 마음이 죽는 것입니다. 사람의 육신이 죽는 것은 그다음 일일 뿐입니다. 그대들이여, 부디 마음이 죽지 않는 약을 구하십시오.

생자필멸生者必滅,
회자정리會者定離

생 프뢰Saint-Preux의
만남La Rencontre

"혼이 나갈 듯한 이별에 좋은 시절은 다하였네.
몇 번이나 밝은 달은 차고 기울었나.
악기의 줄이 끊어진 후 세월은 흘러만 갔구나.
홀로 잠드는 이 밤 기러기 무리 날아드네.
아련하여라, 아련하여라, 아련하여라."

_ 조우인(曺友仁, 1561~1625), 『이재집(頤齋集)』 中 「채두봉(釵頭鳳)」

홀
로
앉
기

숙우회

장마비가 매일 파도처럼 밀려왔다 사라져갑니다. 빗방울 떨어지는 소리, 바람 부는 소리. 무슨 애절함이 남았기에 짓궂은 얼굴로 여기저기 생채기를 나고 있는 것일까요. 아마도 미처 다 비우지 못한 욕망의 여운이 길게 남았나 봅니다. 빗소리에 갇힌 고루한 시간들, 책 읽기마저 심란해집니다. 시(詩)에서 기원하여 '시여(詩餘)' 혹은 '사곡'이라 불리며 음악과 함께 가창 되었던 독특한 형식의 사(詞). 조우인의 『이재집』에 실린 「채두봉(釵頭鳳)」을 잠시 내려놓고, 한 잔의 차를 마시며 묵상에 잠깁니다.

지나간 이야기들이 들려옵니다. 어디선가 다시 돌아오는 메아리처럼, "나 여기 서 있노라"며 잔잔한 물 흐르듯 소곤소곤 속삭이며 아련하게 다가옵니다 현대 작곡가 생 프뢰(Saint-Preux)의 '만남(La Rencontre)'입니다. 사람과 사람 사이 모든 것은 살자필멸(生者必滅)이요, 회자정리(會者定離)입니다. 태어난 것은 반드시 사라지고, 만나는 사람은 언젠가 이별해야만 합니다. 이별이 있기에 만남이 있고, 만남이 있기에 다시 이별이 있는 법입니다.

선율은 흐르며 회상 속으로 스며듭니다. 달콤했던 순간들, 격정적이었던 나날들. 스멀스멀 피어오르던 피아노 독주는 어느 한순간 격한 감정으로 달려 나갑니다. 그러나 흘러가는 구름은 무심하기만 합니다. 수백 년을 살아온 나무들도 여전합니다. 하늘 향해 고개를 돌려봐도 세상은 아련할 정도로 무심합니다. 다시 돌아온 선율. 방파제를 격하게 때리는 순간의 파도는 지난날의 추억을 그저 묵묵히 집어삼킵니다. 비가 창문을 두드립니다. 매몰찹니다. 바람이 거세게 불고 나무가 흔들립니다. 욕망을 그득 담아 세상을 무작정 활보하던 지난날의 제 모습들. 참으로 흔들리고 또 흔들리는 삶이었습니다. 세상 속에서 부러지지 않는 나무가 되기 위해 무던히도 애를 썼습니다. 그러나 바람에 휘청이고 무수한 빗방울에 치이며 결국 고개를 숙였습니다. 모든 이가 반겨주는 화려한 꽃이 되려 하지는 않았습니다. 단지 세상의 창문들을 모두와 함께 열고 또 열고 싶었을 뿐입니다.

왜, 왜, 왜라는 질문을 늘 가슴에 달고 살았습니다. 보이지 않는 투명한 피가 흘러 넘쳤고, 나를 감싼 두꺼운 껍질은 너덜너덜해졌습니다. 나를 감싸고 있던 수많은 그림자가 바람결에 무수히 사라져 갔습니다. 저는 어쩌면 부족하고 두족하여, 그 부족함으로 가득 찬 그믐달이었나 봅니다.

거울 속에는 소리가 없습니다

**아르보 패르트Arvo Pärt의
거울 속의 거울
Spiegel im Spiegel**

턱수염이 까칠합니다. 살아 있는 동안 수염과의 싸움은 끝이 없습니다. 수염을 깎지 않으면 주변 사람들은 병든 환자 취급을 하거나, 게으르고 정신 나간 사람처럼 치부하곤 합니다. "깎아라, 밀어라" 하는 잔소리가 귀를 뚫습니다. 마지못해 하는 면도를 위해 거울 앞에 섭니다. 거울을 보는 유일한 시간, 거울 속의 나를 마주합니다. 비눗물을 턱에 묻히고 다시 거울을 바라봅니다. 거울 속의 거울. 잠시 손놀림을 멈추고 휴대폰으로 선율을 불러냅니다. 영화 〈어바웃 타임〉에 삽입되어 깊은 인상을 남겼던, 조금은 생소했던 클래식 선율입니다.

두 가지 악기로 멜로디와 반주를 하나로 만드는 '틴틴나불리(Tintinnabuli)' 기법의 창안자이자 미니멀리즘 음악을 추구하는 아르보 패르트(Arvo Pärt). 그의 곡 '거울 속의 거울'은 피아노 소리가 무척 정갈합니다. 꾸밈없는 소리, 간결하고 평화로운 화음이 이어집니다. 피아노와 바이올린의 호흡에는 긴장감도, 격정적인 감정도 느껴지지 않습니다. 간결한 음은 침묵으로 이어지고, 불현듯 깊은 심호흡처럼 연결되는 바이올린 소리가 보조를 맞춥니다. 느린 걸음이 반복적으로 이어지다 다시 되돌아오는 화음. 한정된 작은 공간 속에서 찾아오는 경건함과 침묵이 살아 숨 쉬고 있습니다.

불협화음이나 화려한 기교가 배제된 이 새로운 소리의 영역은 소리 자체의 아름다움을 극대화합니다. 마치 우리네 대금이나 해금 연주처럼, 소리 그 자체만으로 인간의 마음을 휘어잡습니다. 간결한 피아노 화음이 자칫 지루하게 느껴질 수도 있는 반복의 영역임에도, 중세와 르네상스 음악으로 회귀하여 명상적인 세계를 구축한 아르보 패르트의 음악은 내면의 소리를 정직하게 들려줍니다.

"거울속에는소리가없소. 저렇게까지조용한세상은참없을것이요.
거울속에도내게귀가있소. 내말을못알아듣는딱한귀가두개나있소."

시인 이상의 시 「거울」의 일부분입니다. 띄어쓰기를 무시한 이 시는 현대인의 불안 심리와 의식의 흐름, 자아의 모순성을 극명하게 드러냅니다. 현실과 거울 속의 나를 잇기도 하고 끊기도 하는 매개체인 거울은 자아 성찰의 도구입니다. 즉, 거울은 소통과 단절이라는 이중적 속성을 지닌 세계입니다. 타인의 시선 속에서 나를 바라보는 것, 혹은 착각 속에 사는 '거울 인생'이라는 작은 틀의 삶입니다. 그러나 거울은 유리로 된 것이어서 언제든 깨지기 쉽습니다. 진정한 거울은 '현실의 나'를 있는 그대로 비추어 주는 것입니다.

숱한 문학 작품과 영화, 건축물의 소재로 사용된 거울의 이미지는 인간의 삶과 환경에 끊임없이 적응해 왔습니다. 사람들은 흔히 말합니다. "거울 좀 보아라", "거울 깨지겠다." 이는 거울이 나를 비추는 얼굴이자 반면교사이며, 내가 마주해야 할 현실임을 의미합니다. 아르보 패르트의 간결한 화음이 다시 피어오릅니다. 고요합니다. 침묵으로 물들어 갑니다. 거울 속으로, 절대적인 고독을 추구하며 영적인 구도자의 삶을 향해 나아갑니다.

음악은
말로 표현할 수 없는 것을
전달하는 방법입니다

엔니오 모리코네,
〈원스 어폰 어 타임 인 아메리카〉 중
'데보라의 테마'

어지간히 찬 바람이 붑니다. 시간은 거스를 수 없는 것, 석양에 바닷물도 붉게 젖어갑니다. 어디를 향하고 있는지 등대의 속마음은 알 길이 없습니다. 홀연히 서 있는 등대. 등대라는 이름이 좋습니다. 어두운 밤 항해하는 배를 인도하며 바닷길을 열어줍니다. 행여나 배들이 암초에 좌초할까 노심초사하는 마음. 짠내 섞인 바다 냄새가 코끝을 자극합니다. 고향을 찾은 친구는 조금만 기다리라고 말합니다. 등대는 신물 나게 보았다며 몸서리치듯 달려가더니, 고요한 바닷가 마을에서 홀로 등대만이 시원하게 빛을 뿌리고 있습니다.
어느 날 친구는 말했습니다. 너에겐 바다가 낭만으로 보이겠지만, 나에겐 상처(트라우마)로 남았다고 말입니다. 지금이야 방파제가 잘 닦여 있지만, 태풍이 오거나 해일이 닥칠 때면 느꼈던 어린 시절의 공포를 지금도 잊지 못한다고 합니다. 또한 등대는 늘 자신을 어딘가로 떠나게 부추기는 방랑의 시초였다고 고백합니다. "지랄 육갑을 떠네." 그렇게 맞받아쳤던 기억이 떠오릅니다.

누군가에게는 기쁨의 상징이지만, 누군가에게는 슬픈 기억의 편린입니다. 그래도 일 년에 한두 번은 꼭 등대가 있는 고향을 찾는 녀석입니다. 육시랄 놈, 누군가에게는 그리움으로 남아 있을 등대이거늘.

차 안의 따스한 공기가 나른합니다. 귀에 익숙한 멜로디가 흐릅니다. 영화 〈원스 어폰 어 타임 인 아메리카(Once Upon a Time in America)〉의 선율입니다. 피아노가 차분한 울림으로 서두를 이끕니다. '데보라의 테마(Deborah's Theme)'입니다. 아름답고 우수에 젖은 첼로 소리가 뒤를 잇습니다. 흐흡이 감미롭습니다. 피아노와 첼로를 받쳐주는 오케스트라의 선율이 더욱 애처롭게 다가옵니다. 영화음악의 거장 엔니오 모리코네(Ennio Morricone). 그의 음악을 들으면 영화 속 한 장면이 절로 그려집니다. 시간은 거슬러 올라가고 잊었던 과거의 한 축이 다가옵니다. 화장실 틈새를 통해 데보라의 발레 연습을 훔쳐보던 어린 시절의 누들스. 춤추며 몽환적인 눈빛으로 바라보던 데보라. 노년이 되어 되돌아보는 어린 시절의 아련함과 결코 되돌아갈 수 없는 회한. 짧은 곡이지만 긴 여운으로 영화 음악의 묘미를 극대화합니다. 수많은 클래식 연주자가 피아노와 첼로 등으로 이 곡을 변주하며 회한의 정서를 던져주고 있습니다. 생전의 엔니오 모리코네는 말했습니다.

"음악은 말을 넘어 더 깊은 차원에서 소통할 수 있는 언어라고 생각합니다. 나에게 작곡이란 곧 이야기를 하는 것입니다. 음악은 표현할 수 없는 것을 표현하고, 말로 다 할 수 없는 것을 전달하는 방법입니다. 나는 음악이 우리 주변의 삶과 세상의 아름다움을 끌어낼 수 있다고 믿습니다. 나는 귀뿐만 아니라 마음과 영혼을 위한 음악을 만들려고 노력합니다." 차는 계속 달립니다.
친구가 말합니다. "내 어린 시절의 놀이터야. 등대야 잘 있거라."

말을 넘어 더 깊은 차원에서 소통하는 언어들이 있습니다. 해금, 피아노, 첼로, 북, 오보에가 만드는 소리의 세계. 붓으로 그려내는 화폭의 영역. 깃발이 날리는 '소리 없는 아우성'. 예쁜 꽃을 보며 터뜨리는 "아!" 하는 탄성. 사시사철 묵묵히 마을 사람들을 지켜보는 당산나무. 그리고 존재만으로도 든든한 부모님. 말하지 않아도 마음이 통하는 상징의 세계들입니다. 등대는 친구에게 꿈을 찾아 떠나게 하는 문이었고, 다시 돌아올 고향의 향기였습니다. 무엇보다 든든한 삶의 버팀목이었으리라 생각합니다. 친구는 고개를 돌려 등대를 다시 바라보며 말했습니다. "어디서나 나를 비춰주는 길잡이구나."

모든 것을 내려놓은
인간의 마음을 '하심'이라 부릅니다

멘델스존
바이올린 협주곡 Op. 64

비 내리는 들녘의 풍경이 고요합니다. 매년 돌아오는 우기의 계절. 바쁜 일상을
잠시 내려두고 쉬어가라는 하늘의 뜻이 아닐까 싶습니다. 유채꽃이 사라진 지 엊
그제 같더니, 어느새 개망초꽃이 들녘을 가득 수놓고 있습니다. 여름을 상징하는
들녘의 꽃. 흔하디흔한 꽃이어서 그럴까요. 매일 보면서도 미처 인지하지 못했던
것은, 그만큼 삶의 수레바퀴가 쉼 없이 굴러가고 있었기 때문일 것입니다. 이 순
간 느끼게 되는 감성과 인식의 변화는 '비'라는 매개체를 통해 비로소 드러납니다.
한때 개망초꽃은 민중의 애환을 위로해 주는 꽃이었습니다. 폭정과 외세에 시달
리던 서민들의 강렬한 저항 의식이자, 꺾이지 않는 희망을 상징하는 야생화(野生
花)였습니다. 시간이 흐르고 풍요로운 평화의 시대가 오면서, 그저 들녘에 피는
흔한 꽃으로 물러나고 말았습니다. 지친 영혼에 잠시라도 예쁜 꽃이라 불리던 개
망초는 이제 '들꽃'이라는 이름으로 불립니다. 빗방울 속에 마주한 개망초가 처량
하기 그지없어 보입니다. 무심코 바라본 들꽃. '무심코'라는 말이 떠오릅니다. 사
전적 의미로는 아무런 생각이나 의도 없이 무의식적으로 행동하는 것을 뜻합니
다. 하지만 그 말을 가만히 들여다보면 '무심(無心)'이라는 글자 자체가 참 좋습
니다. 마음을 비운 상태, 백지 상태의 순수함 말입니다.
저음의 바순 소리가 감미롭습니다. 낭만주의의 상징인 멘델스존의 「바이올린 협
주곡」 2악장입니다. 부드럽고 차분하게 이어지는 바이올린의 울림이 낭만파 거장
답게 우아합니다. 환상적인 아름다움이 흘러넘칩니다. 홀로 흘러가는 선율은 결
코 혼자만의 이야기가 아닙니다.

보이지 않는 누군가와 세상에 밀어를 속삭이는 내면의 세계이자 소리의 대화입니다. 멘델스존의 또 다른 명곡인「무언가(無言歌)」를 연상시키기도 합니다. 베토벤, 브람스의 곡과 더불어 '세계 3대 바이올린 협주곡'으로 꼽히는 이 곡을 두고 서양 평론가들은 이렇게 말하곤 합니다. 베토벤의 곡이 '아담'이라면, 두드러움과 우아함을 두루 갖춘 이 곡은 여인의 품격을 지닌 '이브의 노래'라고 말합니다. 꿈 속을 거니는 듯 낭만적인 아름다움으로 선율이 흘러갑니다. 수채화를 즐겨 그렸던 멘델스존의 서정미가 아스라이 배어 나옵니다.

하심(下心). 마음을 내려놓는 것입니다. 이카로스의 날개는 헛된 욕망이었으며, 끓어오르는 분노는 나를 가두는 굴레일 뿐입니다. 숱한 풍파와 인고의 세월 속에서 얻어지는 고뇌. 이렇듯 모든 것을 내려놓은 인간의 마음을 '하심'이라 부릅니다.
무심(無心). 마음이 없는 것. 참 좋은 말이지만, 이 무심함이 사람 사이에 자리 잡으면 '무관심'이 되고 맙니다. 주위를 둘러보지 않고 오직 '나'만 남게 되는 것입니다. "무심코 던진 돌에 개구리는 맞아 죽는다"라는 속담이 있습니다. 여기서 '무심코'는 때로 힘 있는 자의 오만한 행동이 되어, 상처와 고통을 머금고 사는 이들에게 더 큰 아픔을 주기도 합니다. 욕망의 시대에 우리는 무심코 세상의 길을 걸어왔습니다.

이제 들녘에 비가 멈췄습니다. 햇살이 비칩니다. 젖은 몸을 일으켜 세우는 거망초꽃이 아름답습니다. 다시 낭만의 시대를 꿈꿉니다. 순수의 시대를 이어가기하고 싶습니다. 들녘의 개망초를 수채화로 그리는 멘델스존을 상상해 봅니다. '이브의 노래'를 닮은 개망초꽃 수채화가 아름다운 선율로 피어날 것만 같습니다

무巫의 종말에 바치는 오페라

**헨리 퍼셀의 〈디도와 에네아스〉 중
내가 대지에 누웠을 때**

"고죽총령홀아신(苦竹叢鈴忽迓神): 방울 달린 왕대 흔들어 신령을 불러들이고
 정녕화복구중진(丁寧禍福口中陳): 입으로는 간절하게 길흉화복을 말하네
 피흉추길거하득(避凶趨吉渠何得): 흉한 일 좋은 일을 저들이 어찌 마음대로 하랴
 사설분분혹서민(邪說紛紛惑庶民): 요사스러운 말 흩뿌려 백성을 홀릴 뿐"
  무(巫)

굿 하는 무당을 봅니다. 무당이 어찌 백성들을 편하게 하겠습니까. 저것은 무당 자신의 욕구를 채우려는 술수에 불과한 것입니다. 조선의 임금 정조가 세손 시절에 쓴 시입니다. 요즘은 책을 읽는다는 것이 참으로 힘에 부칩니다. 세월을 거스를 수 없다더니, 글자를 보느라 눈동자는 점점 작아집니다. 한 장을 읽으면 방금 읽은 뒷장이 어디론가 사라져 버리고, 긴 내용은 온데간데없이 짧은 문장들만 찾게 됩니다. 시린 눈동자는 자꾸만 책을 외면하게 만듭니다. 공허한 밤입니다. 밤의 정령들이 몰려옵니다. 헨리 퍼셀(Henry Purcell)의 오페라 〈디도와 에네아스(Dido and Aeneas)〉 3막에 등장하는 아리아 '내가 대지에 누웠을 때(When I am laid in earth)'가 흐릅니다.

지구상에서 가장 슬픈 노래로 알려진 이 곡은 숨이 막힐 듯 애절한 선율을 담고 있습니다. 오늘은 첼로로 편곡된 음을 듣습니다. 매혹적인 저음의 울림입니다. 일상적으로 장조가 희망차고 밝은 분위기를 표현한다면, 단조는 주로 진지함이나 슬픔, 우울한 감성을 노래할 때 사용됩니다. 클래식에서 G단조는 가장 비극적인 순간을 표현할 때 쓰이는데, 여기서 첼로의 슬픈 리듬이 빛을 발합니다. 우아하면서도 경이로운 슬픔의 극치입니다.

이루지 못한 사랑에 디도는 노래했습니다. "내가 대지에 묻힐 때 나를 기억해 주세요. 하지만 아! 내 운명은 잊어주세요." 트로이의 영웅 에네아스와 카르타고의 여왕 디도. 사랑과 운명, 그리고 이별이 이 곡의 줄거리입니다. 사랑에 빠진 두 사람을 시기한 늙은 마술사와 두 마녀의 간계가 시작됩니다. 트로이 재건이라는 사명 사이에서 고민하던 에네아스는 결국 카르타고를 떠나기로 합니다. 이에 디도는 자신에게 죽음만이 남았다고 절규합니다. 에네아스는 뒤늦게 명령을 거역하고 남으려 하지만, 디도는 숭고한 희생을 선택합니다. 장엄한 이별의 아리아를 부르고 숨을 거두는 디도. 에네아스를 흔한 그녀의 애가(哀歌)는 매혹적이며 숭고합니다. 느릿하게 흐르는 첼로의 눈물은 죽음 앞에서의 담담함과 아련한 슬픔을 이야기합니다

국태민안(國泰民安). 간교한 세치 혀. 시작은 늘 좋았습니다. 이부터 무(巫)의 세계는 '나라와 백성의 평안함'이라는 명분을 내세웠습니다. 맑은 영혼을 잃지 않았을 때까지는 말입니다. 하지만 그들도 신의 대리인이기 이전에 사람입니다. 사람에게 바치는 돈과 사치, 권력에 대한 유혹 앞에 무너지고 마는 것입니다. 맑은 영혼은 온데간데없고, 시시때때로 현실과 이상을 넘나드는 환각 속의 대리지일 뿐입니다. 이러한 대리자가 사람의 나약한 부분을 엿보며 때로는 맞는 말을, 때로는 틀린 예언을 던집니다. 자신조차 제정신이 아니기에 말이 오락가락하는 것입니다. 물론 신의 대리인의 말이 한두 번은 맞을 수 있습니다. 그러나 여기에 현혹된 사람들은 그를 닝종하게 되고, 결국 일이 걷잡을 수 없이 커지고 맙니다. 그 독성이 자신의 목을 겨누는 칼날이라는 사실을 모른 채 말입니다. 오염된 무의 세계는 사람을 해하고 전쟁을 일삼으며 천하를 뒤집기도 합니다. 오늘날 우리는 우주를 오가고 인공지능의 시대를 열어가고 있지만, 여전히 무속(巫俗)의 시대를 살고 있습니다. 인간의 의지가 그만큼 약하고 유혹에 쉽게 넘어가기 때문일 것입니다. 디도는 노래했습니다. 내 슬픈 운명은 잊어 달라고...

가을
Autumn

Autumn, Tea and Music

Autumn, Tea and Music

**낙엽 부딪히는 소리가 들리는
창가에서 붉은 수색의 홍차를 마십니다**

가을
Autumn

양손을 등허리에 마주 잡고 아침 숲을 거닙니다. 여기저기 기웃거리는 청설모처럼 상큼한 공기는 코끝을 밀치고 풋내 나듯 폐부를 두드립니다. 간밤에 꿈을 꾸듯 사뿐히 내려앉은 이슬들은 작은 기척 소리에 짧은 열락의 순간을 뒤로하고 앙증맞게 사라져 갑니다. 이처럼 모든 것이 살아 있는 찰나의 시공간이며 마음인 것입니다. 가벼운 산책길 끝에 갓 덖어낸 맑은 오룡차 한 잔을 음미하며 슈만의 '오보에와 피아노를 위한 3개의 로망스'를 듣습니다. 목가적인 선율이 흐릅니다. 오보에의 구슬픈 음색은 편안하고 자연스럽습니다. 초가을 한적한 아침 멜로디로 제맛입니다. 감미로운 오보에 선율이 길게 이어지고, 짧게 반복되며 피아노가 뒤를 잇습니다. 슈만은 숲을 거닐며 꿈꾸는 마음을 오선지에 그려냈을 것입니다. 그것은 마치 낭만적, 시적 우아함으로 고뇌하는 한·인간의 몽환적인 세상입니다. 또한 그리그의 '페르귄트' 중 '아침'이 흐르면 고요한 숲의 나라 노르웨이의 정경이 절로 피어납니다. 싱그러운 차 향기와 더불어 플루트와 첼로의 연주가 청아한 아침을 깨웁니다.
붉은 욕망의 씨앗들이 가을 들녘을 들쑤십니다. 감, 사과, 배 등 열망의 결정체들이 자신의 몸에서 유체 이탈을 준비합니다. 자기 몸인 듯 아닌 듯 욕망의 덩어리들이 떨어져 나갑니다. 낙엽 부딪히는 소리가 들리는 창가에서 붉은 수색의 홍차를 마십니다. 쌉싸름하면서도 달콤한 끝맛이 가을 단풍을 닮았습니다. 이때 듣는 브람스의 '현악 6중주'는 '브람스의 눈물'이라 불릴 만큼 애절합니다.

평생 독신으로 살았던 브람스의 이루어질 수 없는 사랑, 그 아련한 감정의 선율이 정열적인 외침으로 뿜어져 나옵니다. 해가 지는 모습에서 자신을 보았던 슈베르트의 '피아노 삼중주 2번' 또한 비련으로 가득 찬 환희를 노래합니다. 해질녘이면 무수한 사연들이 숨죽이기 시작합니다. 홍차 한 잔의 향기가 날아갑니다. 누군가에게는 열정으로, 누군가에게는 아쉬움으로 남았기 때문입니다.

별들이 총총한 가을 밤하늘입니다. 어둠은 소리를 크게, 맑게 들려줍니다. 두려움을 가진 본능적인 인간으로, 어딘가를 찾는 출구적인 인간으로 일깨웁니다. 하지만 무엇보다 어둠은 마음을 다스리는 정화의 시간입니다. 집안의 모든 불을 끄고 빛이 통하지 않는 세계를 만들어 봅니다. 깊고 중후한 보이차를 우리며 타르티니의 '악마의 트릴'을 듣습니다. 제목과는 달리 서정적인 아름다운 선율이 밤하늘을 수놓습니다. 어둠 속에서 나를 찾는, 중심을 잡는 마음의 소리가 들려옵니다. 거기 진정한 나의 자아를 발견할 것입니다. 바흐의 미사곡 중 '아뉴스 데이'가 흐르면 고요함 속에서 밀려드는 묵직한 느낌에 젖어 듭니다. 하느님의 어린 양. 침묵 속에 묻어나는 자기 고백이자 용서와 위로의 대서사시입니다. 꽃씨 할머니의 전설처럼 우리 모두 누군가에게 희망의 씨앗이 되기를 염원해 봅니다.

바람이 붑니다. 갈대들이 바람을 타고 하얀 머리카락을 휘젓습니다. 백발의 숲이 파도처럼 이리저리 넘실거립니다. 사람의 삶은 갈대를 닮았습니다. 우리 마음은 시시각각 흔들리는 갈대를 닮았기 때문입니다. 따뜻한 모고차 한 잔을 손에 쥐고 가브리엘 포레의 '파반느'를 듣습니다. 플루트의 우아한 슬픔과 고결한 품위가 바람에 실려 옵니다. 스비리도프의 '로망스' 또한 눈보라 치는 러시아의 광활한 대지를 연상케 하며 애잔한 감동을 줍니다. 바람은 소리 소문 없이 흘러갑니다. 세상의 몸짓, 세상의 언어, 세상의 소리입니다. 계절이 지나가는 대로 몸을 맡깁니다.

늦은 가을, 모든 것을 내려놓는 비움의 계절입니다. 리스트의 '위안 3번'은 고독 속에 뿌리내린 신의 축복과 같습니다. 피아노 건반을 부드럽게 어루만지는 손길, 투명한 물결이 느리게 밀려옵니다. 화려함은 찾아볼 수 없는 고요한 정적 속에 다가오는 그림자. 찻잔 속에 피어나는 극화꽃을 바라보며 듣기에 더할 나위 없습니다. 본 윌리엄스의 '종달새의 비상'은 내일을 향한 무언의 전원곡입니다. 바이올린 솔로 연주가 종달새의 날갯짓으로 승화하며 날아오릅니다. 매일매일이 새로운 희망의 샘입니다. 차 향기가 익어갑니다. 춤을 춥니다. 나를 찾는 소리, 마음의 세계입니다.

차와 음악의 페어링
Tea and Music
Pairing

...

이른 아침, 상쾌한 숲의 기운을 담다

Music _ 슈만 〈오보에와 피아노를 위한 3개의 로망스〉
그리그 〈페르귄트 모음곡 중 '아침'〉

**"상쾌한 공기가 폐부를 두드리는 아침, 이슬 맺힌 숲길을 걷습니다. 목가적인
오보에 선율과 그리그의 청아한 아침 음악은 자연의 생명력을 느끼게 합니다."**

TEA _ 맑고 향기로운 청차 (대만 오롱차 또는 철관음).
난꽃 향, 과일 향이 은은하게 피어오르며, 아침의 맑은 기운을 깨워줍니다.
Pairing Guide _ 풋내가 가시지 않은 찻잎이 우러난 맑은 찻물을 마시며, 오보에의
목가적인 선율에 빠져보세요. 자연의 정수가 담긴 차 한 잔이 하루
를 시작하는 기쁨을 선사합니다.

...

가을밤, 별과 함께하는 낭만과 고독

Music _ 타르티니 〈악마의 트릴〉. 가브리엘 포레 〈꿈꾼 후에〉.
바흐 〈미사곡 B단조 중 '아뉴스 데이'〉

**"별들이 총총한 가을 밤하늘 아래, 어둠은 소리를 더 맑고 깊게 만듭니다.
타르티니의 매혹적인 바이올린이나 포레의 꿈결 같은 선율, 바흐의 장엄한
미사곡은 깊은 내면의 세계로 인도합니다."**

TEA _ 깊고 중후한 보이차(숙차) 또는 흑차.
세월의 깊이가 느껴지는 진한 맛과 향, 몸을 따뜻하게 데워주는 훈훈함.
Pairing Guide _ 집안의 불을 끄고 어둠 속에서 차를 우려보세요. 찻잎의 향기를 따
라가며 듣는 음악은 나를 찾는 빛이 됩니다. 깊고 묵직한 보이차의
맛은 가을밤의 고독과 사색을 더욱 깊게 만들어줍니다.

...

낙엽 지는 오후, 쓸쓸함과 그리움 사이

Music_ 브람스 〈현악 6중주 1번 2악장 브람스의 눈물〉.
슈베르트 〈피아노 삼중주 2번 2악장〉. 하이든 〈첼로 협주곡 2번〉
"붉은 욕망의 잎들이 떨어지는 해질녘, 브람스의 애절한 사랑 노래나 슈베르트
의 비장미 넘치는 선율이 흐릅니다. 첼로의 울림은 가을의 소리를 대변합니다."

TEA_ 홍차〈다즐링〉쌉싸름하면서도 달콤한 끝맛, 붉은 수색이 가을 단풍을 닮음.
Pairing Guide_ 낙엽이 부딪히는 소리가 들리는 창가에서 홍차를 마셔보세요. 브
람스의 현악 6중주가 주는 애수와 홍차의 쌉싸름한 듯이 더우러
져, 지나간 사랑과 추억을 아름답게 회상하게 합니다. '브람스의
눈물'과 함께 마시는 홍차 한 잔은 가을의 낭만 그 자체입니다.

...

늦가을, 내면의 평화와 위안

Music_ 리스트〈위안 3번〉. 본 윌리엄스〈종달새의 비상〉. 바버〈현을 위한 아다지오〉

"모든 것을 내려놓는 비움의 계절 늦가을. 리스트의 고요한 피아노 선율이나
종달새의 비상처럼 자유로운 영혼의 음악은 지친 마음에 위안을 줍니다."

TEA_ 국화차 또는 구절초차. 머리를 맑게 하고 마음을 안정시킴.
Pairing Guide_ 찻잔 속에 피어나는 국화꽃을 바라보며 리스트의 '위안'을 들어보
세요. 은은한 국화 향기가 음악에 실려 마음의 평화를 가져다줍니
다. 한 해를 정리하고 내일을 설계하는 늦가을의 여유를 만끽하기
에 더할 나위 없습니다.

...

바람 부는 들녘, 흔들리는 갈대와 같은 마음

Music_ 가브리엘 포레 〈파반느〉. 스비리도프 〈로망스 (눈보라 중)〉
"바람에 몸을 맡기는 갈대처럼, 포레의 파반느나 스비리도프의 로망스는
우리 마음을 자연스럽게 흔듭니다. 삶의 애환과 그리움이 바람에 실려 옵니다."

TEA_ 모과차 또는 우자차. 찬 바람에 움츠러든 몸을 녹여, 기분 전환을 도움.
Pairing Guide_ 바람 부는 날, 따뜻한 모과차 한 잔을 손에 쥐고 창밖의 흔들리는
풍경을 바라보세요. 스비리도프의 애절한 로망스 선율과 모과차의
온기가 어우러져, 흔들리는 마음을 따뜻하게 다독여줄 것입니다.

모든 것은 살아 있는
찰나刹那의 시공간입니다

슈만,
오보에와 피아노를 위한 3개의 로망스 Op. 94

양손을 등허리에 마주 잡고 아침 숲을 거닙니다. 여기저기 기웃거리는 청설모처럼 상큼한 공기가 코끝을 밀치고, 풋내 나듯 폐부를 두드립니다. 하물며 간밤에 꿈을 꾸듯 사뿐히 내려앉은 이슬들은 작은 기척에 짧은 열락(悅樂)의 순간을 뒤로하고 앙증맞게 사라져 갑니다. 이처럼 모든 것은 살아 있는 찰나(刹那)의 시공간이며 마음인 것입니다.

물을 붓습니다. 이 물은 하늘과 흙, 나무와 풀 등 살고 죽어간 자연의 모든 생명체가 융합해 낸 정수(淨髓)의 핵이라 할 수 있겠습니다. 차나무는 바로 이 정수의 융합 물질을 먹고 자라납니다. 여기에 인간의 정성이 더해져 찻잎이 태어나고, 달여지고, 우려내어집니다. 그리하여 정수의 최종 융합 물질인 찻물은 사심 없는 기쁜 마음과 만날 때 비로소 진정한 빛을 발하게 됩니다. 목가적인 선율이 흐릅니다. 가벼운 산책길 끝에 차 한 잔을 음미하며 듣는 목관악기, 오보에 소리입니다. 우리가 익히 알고 있는 영화 〈미션〉의 마지막 장면, 새로운 터전을 찾아 나룻배를 타고 떠나는 아이들의 마음을 전해주던 바로 그 소리입니다. 오보에(Oboe)는 프랑스어 '오부아(Hautbois)'에서 유래했는데, '높은(Haut) 나무(Bois)'라는 뜻을 지니고 있습니다. 우리네 대금과도 결이 닿아 있는 이 악기는 구슬픈 음색으로 동양적인 애수를 강렬하게 풍깁니다. 어찌 보면 지극히 편안하고 자연스러운 소리입니다.

독일의 작곡가 슈만(Robert Schumann, 1810~1856)의 '오보에와 피아노를 위한 3개의 로망스'는 초가을의 한적한 아침에 듣기에 제맛입니다 목가적이고 감미로운 오보에 선율이 길게 이어지고, 짧게 반복되는 피아노가 그 뒤를 받쳐주며 절묘한 조화를 이룹니다. 사랑은 이 선율처럼 낭만적이고 달콤하지만, 때로는 장조와 단조가 교차하는 불안정한 인간의 심리 변화도 엿도입니다. 우울증과 사투를 벌였던 슈만. 뭇 남성들의 연인이자 훌륭한 피아니스트였던 아내 클라라에 대한 절절한 사랑, 혹은 그녀를 흠모하던 제자 브람스에 더한 복잡한 감정이 투영된 것일까요. 슈만은 예쁜 잠을 자는 어린 아기의 걸굴, 숲을 거닐며 사뿐사뿐 꿈꾸는 마음을 오선지에 그려냈습니다. 그것은 마치 낭만적이고 시적인 우아함으로 고뇌하는 한 인간이 보여주는 몽환적인 세상과도 같습니다.

장자는 『지북유(知北遊)』편에서 모든 사물은 극에 이르면 반드시 반즈용을 한다는 '물극필반(物極必反)'의 묘리를 설파했습니다. 병들고 지친 슈만의 혼탁한 내면이 불안감을 펼치지 못하고 역설적으로 빚어낸 이 아름다운 '로망스'야말로 장자가 말한 물극필반의 산물이 아닐까 추측해 봅니다. 사랑의 근본은 믿음입니다. 사랑하고 있다는 것은 마음의 태동이며, 그 마음은 곧 신뢰이자 존경입니다. 그러나 무엇보다 마음의 본질은 희생과 정성입니다. 슈만의 음악도 그러합니다. 자신의 내면을 가장 솔직하게 드러낸 대목이라 할 수 있습니다. 선율은 빠르지 않지만 급격한 심리 변화처럼 흔들림이 감지되고, 무언가에 들뜬 듯 환상적인 기풍으로 끝을 맺습니다. 흐르는 선율도 차와 마찬가지입니다. 마음이 불편하면 소리는 소음이 되고, 차를 우려내는 일도 여간 귀찮은 게 아닙니다. 이처럼 마음은 참으로 오묘하여 인간의 오감을 좌우합니다. 마음은 우리의 일상 속에서 언제나 이토록 생생하게 살아 있습니다.

책은 한 사람의 인생을
바꾸는 힘이 있습니다

브람스
현악 6중주곡 제2번 Op. 36

날씨가 참 좋습니다. 그다지 춥지도 덥지도 않은 완연한 날입니다. 책상을 벗어나 발길 닿는 대로 숲길을 헤쳐 갑니다. 가는 도중 거미줄에 얼굴을 할퀴기도 하지만, 푸른 숲의 향기와 한적하게 울어대는 새들의 청아한 울음소리가 그저 달갑기만 합니다. 그렇게 걷다 다다른 곳은 마치 초칠을 해놓은 듯 반짝반짝 윤이 나는 널따란 반석입니다. 성인 세 사람이 누워도 넉넉할 크기의 이 반석은 가끔 찾아오는 나만의 또 다른 휴식처입니다.

그 위에 한 권의 책을 펼쳐 봅니다. 드러누워 책을 읽기도 하고, 엎드렸다가 턱을 받치기도 하며 엎치락뒤치락 책장을 넘깁니다. 그러다 졸음이 밀려오면 그대로 꿈길로 헤엄쳐 갑니다. 지루한 방안을 떠나 책을 읽기 위해 찾아오는 이 반석 위에서, 저는 책이 한 사람의 인생을 얼마나 크게 바꿔 놓을 수 있는지 새삼 깨닫습니다. 책은 지식의 축적을 넘어 꿈과 신념을 가져다줍니다. 새로운 혁신을 일구고 미래의 청사진을 그릴 수 있는 안목을 열어주며, 새로운 가치를 창조하는 근본적인 자료가 되기도 합니다.

오늘, 평생을 책 속에서 살다간 브람스를 생각하며 그의 「현악 6중주곡 제2번」을 들어봅니다. 일명 '아가테 6중주곡'이라 불리는 이 곡에는 소프라노 아가테 폰 지볼트와의 열렬했던 연애 이야기가 담겨 있습니다. 비록 비련으로 끝났으나 브람스는 그 애틋한 마음을 선율 속에 고스란히 녹여냈습니다.

전체 4악장 중 1악장은 차를 마시는 듯한 고상한 정취와 깊은 명상의 선율이 향기를 더하고, 풍부한 음의 세계가 감각적인 아름다움을 드러냅니다. 2악장은 약동하는 속도감으로 솟구치는 열정을 암시합니다.

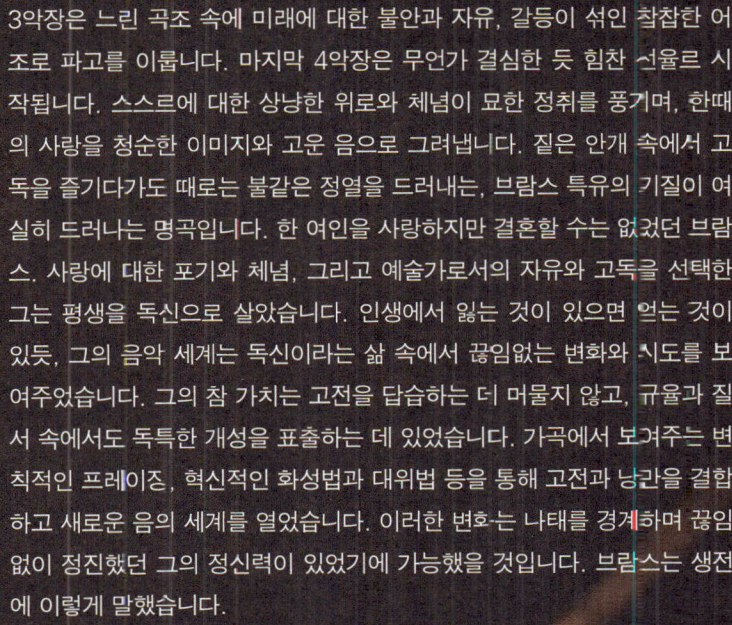

3악장은 느린 곡조 속에 미래에 대한 불안과 자유, 갈등이 섞인 참참한 어조로 파고를 이룹니다. 마지막 4악장은 무언가 결심한 듯 힘찬 선율로 시작됩니다. 스스로에 대한 상냥한 위로와 체념이 묘한 정취를 풍기며, 한때의 사랑을 청순한 이미지와 고운 음으로 그려냅니다. 짙은 안개 속에서 고독을 즐기다가도 때로는 불같은 정열을 드러내는, 브람스 특유의 기질이 여실히 드러나는 명곡입니다. 한 여인을 사랑하지만 결혼할 수는 없었던 브람스. 사랑에 대한 포기와 체념, 그리고 예술가로서의 자유와 고독을 선택한 그는 평생을 독신으로 살았습니다. 인생에서 잃는 것이 있으면 얻는 것이 있듯, 그의 음악 세계는 독신이라는 삶 속에서 끊임없는 변화와 시도를 보여주었습니다. 그의 참 가치는 고전을 답습하는 데 머물지 않고, 규율과 질서 속에서도 독특한 개성을 표출하는 데 있었습니다. 가곡에서 보여주는 변칙적인 프레이징, 혁신적인 화성법과 대위법 등을 통해 고전과 낭만을 결합하고 새로운 음의 세계를 열었습니다. 이러한 변호는 나태를 경계하며 끊임없이 정진했던 그의 정신력이 있었기에 가능했을 것입니다. 브람스는 생전에 이렇게 말했습니다.

"나는 책을 사는 데 대부분의 돈을 아낌없이 썼다. 책이야말로 내가 가장 좋아하는 것이다. 어린 시절부터 가능한 한 많은 책을 닥치는 대로 읽었다."

그는 도서관에 파묻혀 음악과 책으로 생의 기쁨을 누린 지독한 독서광이었습니다. 끊임없는 독서가 그의 음악에 무궁무진한 영감을 주었던 것입니다. 책 속에 길이 있다는 옛 성현의 말처럼, 넓은 세계를 바라보는 안목과 기다릴 줄 아는 인내심은 책 속에 있습니다. 한 잔의 차를 우려내는 정성 어린 움직임처럼, 책은 우리 인생의 가장 좋은 스승입니다. 장자는 인간의 본성이 곧 '덕'이라 했습니다. 이러한 본연의 덕을 회복하려면 습성에 물든 마음을 닦아야 합니다. 그것이 바로 '성수반덕(性脩反德)'의 도리입니다.

어둠 속 별들은 희망이라는
메시지를 던지며 살아갑니다

타르티니Tartini의 '악마의 트릴'

청명한 가을밤입니다. 소쩍새와 꿩 울음소리가 도심 속 고도 400미터의 산등성이를 울립니다. 길게 늘어선 산맥을 따라 걷는 두 시간 반 남짓의 산행은 시민들에게 주어진 축복입니다. 숲속 소나무 위로 작은 별들이 춤을 춥니다. 어둠 속 별들은 희망이라는 메시지를 던지며 살아갑니다. 세대와 세대를 뛰어넘어 삶이 끝나는 그 순간까지, 우리는 그 희망을 찾아 빛과 어둠이라는 이중적 변주곡의 세계를 넘나듭니다.

가로등이 산책로를 인도합니다. 예전에 비해 야간 산행객이 부쩍 늘어난 것은 빛이 가져다준 선물일 테지요. 반석 위에 앉습니다. 어둠은 소리를 더욱 크고 맑게 들려줍니다. 평소의 나를 두려움과 본능, 동물적 감각을 지닌 인간으로 되돌려 놓습니다. 무언가 돌파구를 찾는 '출구 지향적 인간'으로 일깨우는 것입니다. 하지만 무엇보다 어둠은 마음을 다스리는 정화의 시간입니다. 인간은 어둠 속에서 비로소 온전한 감정의 산물이 됩니다.

다비드 오이스트라흐(David Oistrakh)가 연주하는 '악마의 트릴(Devil's Trill)'이 흐릅니다. 바이올린 선율이 숲속을 매혹적으로 사로잡습니다. 이 곡은 타르티니의 바이올린 소나타로, 제목만으로도 오싹한 기분을 자아냅니다. 하지만 인간의 감정을 건드리는 1악장은 제목과 달리 서정적이고 아름다운 선율로 밤하늘을 수놓습니다. 어쩌나 고운지, 여리고 여린 해바라기의 얼굴을 떠올리게 합니다.

이 곡에는 유명한 일화가 있습니다. 어느 날 밤 타르티니의 꿈속에 악마가 나타나 혼을 팔라고 유혹했습니다. 악마는 그 대가로 타르티니의 이야기를 듣고 소나타 한 곡을 연주했는데, 그것은 인간의 상상력을 훨씬 뛰어넘는 마신(魔神)의 연주였습니다. 타르티니는 무의식중에 그 괴이한 아름다움에 매료되어 미칠 듯한 도취감에 빠졌고, 결국 망연자실하고 말았습니다. 이윽고 눈을 뜬 그는 벌떡 일어나 바이올린을 들고 꿈속의 곡을 재현하려 했으나 소용없었습니다. 다만 그 꿈속의 악상을 더듬어 써 내려간 곡이 바로 이 곡이라고 전해집니다. 2악장은 활기찬 연주가 이어집니다. 짧은 가락 속에서 무언가에 들떠 있는 바람의 소리가 들립니다. 그 격한 바람은 마치 숨을 죽인 한여름의 태풍 같습니다. 별이 총총한 가을밤, 간간이 찾아드는 바람의 움직임이 곡의 운치를 더해줍니다. 나뭇잎 사이를 기웃거리며 너울너울 춤을 추는 형상입니다.

곡은 이제 음산한 분위기의 마지막 3악장을 향해 달립니다. 사람들은 악마가 다가오는 듯 오싹하고 기기한 떨림의 목소리가 길게 이어진다고 말합니다. 그러나 제 귀에는 길게 늘어지는 현의 트릴이 꽃잎을 툭툭 치고, 꽃향기를 살겨시 뿜어내는 미세한 호흡으로 다가옵니다. 섬세한 감정이입이 극치에 달하는 견주라 말하고 싶습니다. 마치 스스로 꿈을 꾸는 듯한 '악마의 트릴'은 그 훌륭한 본보기가 됩니다. 소리는 공간의 분위기에 따라 그 자리가 달라집니다. 특히 어두운 밤이면 소리는 구한대의 감정으로 변화무쌍해집니다. 자연 속에서라면 더욱 그러할 것입니다. 만약 기력마저 쇠했다면 어둠은 두려움이 소용돌이치는 도가니가 되겠지요. 하지만 직접 야간 산행을 해보시길 권합니다. 어둠 속에서 나를 찾는 소리, 중심을 잡는 마음의 소리가 들려올 것입니다. 거기서 진정한 자아를 발견하게 될 것입니다. 한 잔의 차(茶)도 이와 같습니다. 뜨거운 물을 준비하고 집안의 모든 불을 꺼보십시오. 빛이 통하지 않는 세계를 만든 뒤 다구 앞에 홀로 앉아보십시오. 익숙했던 일상 속에서 차를 우려내는 일이 결코 쉽지 않을 것입니다. 하지만 어둠이 존재하는 그 자리에서 찻잎의 향기를 따라가 보십시오. 그 향기 속에 당신의 마음을 던져 보십시오. 나를 찾는 빛의 세계, 다향(茶香)의 세계가 거기 있을 것입니다. 결국 어둠은 또 다른 빛이기 때문입니다.

송충효 作

사랑의 꿈, 인간이 꿀 수 있는
가장 아름다운 꿈입니다

가브리엘 포레Gabriel Fauré의
'꿈꾼 후에Après un rêve'

꿈결에 그대의 모습 보았네, 불타오르는 행복의 신기루.
다정한 눈동자, 목소리는 맑게 울려 그대는 새벽하늘과 같이 빛났었네.
그대가 불러서 나는 떠났네, 그대와 함께 그 빛을 향하여.
하늘은 우리 앞에 열려 화려하고 거룩한 빛을 보여주었네.
아! 꿈을 깨고 난 뒤의 슬픔이여, 밤이여, 오! 거짓말쟁이 밤이여!
다시 오라, 영원히 다시 오라, 오! 신비로운 밤이여!

숙우회

별들이 총총히 박힌 하늘은 코발트색 실크로드와 같습니다. 여름 기운이 남은 가을밤, 숱한 이야기들이 넘실대며 화려하게 밤을 밝힙니다. 저 하늘의 실크로드는 누구에게나 열려 있는 희망과 사랑, 그리고 그리움으로 가득한 길입니다. 그 길 위에서 신선한 밤의 아지랑이들이 호흡하다 사라져갑니다. 넓은 반석 위에 드러누워 눈을 감습니다. 저 하늘의 별들과 하나가 됩니다.

구중궁궐(九重宮闕)처럼 깊고 오리무중(伍里霧中)인 안개 속입니다. 꿈꾸듯 걷는 길 위로 애절한 선율이 빛을 발하고, 그리움은 아우성치며 울려 퍼집니다. 자꾸만 뒤를 돌아보게 하는 미련의 산울림. 기다림은 저편으로 흘러가는 망망대해와 같습니다. 모든 현실은 꿈 같은 거짓이고, 그 거짓이 곧 현실이라 소리칩니다. 앞을 내다볼 수 없는 기로 같은 울창한 숲속을 헤매기도 합니다. 간간이 스며드는 은은한 바람결은 유혹의 길로 이끄는 리듬이 되어 용솟음칩니다. 마치 작은 너울이 온몸을 휘감아 깊은 바다 속으로 이끄는 듯합니다. 몽롱하고 깊은 선율게 그만 넋을 잃고 맙니다.

가브리엘 포레(Gabriel Fauré)의 '꿈꾼 후에(Après un rêve)'입니다. 이 곡은 포레의 친구인 로맹 뷔신(Romain Bussine)의 시에 곡을 붙인 가곡입니다. 당시 파혼의 아픔을 줬던 마리안 비아르도와의 실연과 절망감은 오히려 그녀를 가슴 깊이 새기는 계기가 되었습니다. 즉, 그녀에 대한 회상은 아름다운 정열로 피어나는 한 폭의 수채화였던 셈입니다. 여성적인 향기가 물씬 묻어나는 이 곡은 포레의 일생을 지배한 가톨릭 정신과 수양의 산물이라 일컬어집니다. 감미로운 선율 덕분에 오늘날에는 성악곡보다 피아노, 바이올린, 첼로 등의 독주용으로 더 자주 연주되는 명곡입니다. 우리는 모두 꿈을 꿉니다. 꿈꾸는 남자와 꿈꾸는 여자. 인간은 잠을 자는 동안 무수한 영상을 만들어내고 또 잊어버립니다. 잠에서 깨어난 그 순간 기억은 망각의 저편으로 사라져 갑니다. 왜 내가 이런 꿈을 꾸었는지 깊이 생각지 않기도 합니다. 하지만 꿈은 자신이 만들어낸 창조물입니다. 꿈의 모든 조각이 과거의 경험과 무의식에서 비롯된 것임을 우리는 종종 잊고 삽니다. 그저 하룻밤 잠결에 스친 꿈일 뿐이라 치부하면서 말입니다.

사랑의 꿈은 인간이 꿀 수 있는 가장 아름다운 꿈입니다. 선망과 그리움의 대상이기에, 그 속에서 당신의 사랑이 활짝 피어나기 때문입니다. 그것이 사랑의 기쁨이든 슬픔이든, 꿈이기에 더욱 애틋합니다. 사랑과 꿈. 잠결에 빙긋이 웃는 자신의 모습을 상상해 보세요. 그 꿈속에서 사랑하는 이와 차 한 잔 나누어 보세요. 사랑을 꿈꾸고 사랑받고 싶은 당신이기에, 비록 그것이 찰나의 꿈일지라도 충분히 아름답습니다.

내 삶의 하루는
마음의 밭을 가는 것입니다

마스카니Mascagni의
오페라 〈카발레리아 루스티카나〉 중 '간주곡Intermezzo'

어려서부터 예순이 넘도록 책을 읽는 노인이 있었습니다. 심지어 몸에 병이 있더라도 책을 놓지 않았으니, 그야말로 노인에게는 독서벽(讀書癖)이 있었던 셈입니다. 그 증세는 나이가 들수록 더욱 심해졌습니다. 이를 본 어떤 손님이 조롱하듯 물었습니다. **"어르신은 총기가 이미 쇠하셨습니다. 책을 읽고 돌아서면 잊어버리실 텐데 무엇 하러 그리 애써 읽으십니까?"** 마치 죽을 날이 머지않았는데 책은 읽어 무엇 하느냐는 핀잔이었습니다. 이에 노인이 대답했습니다.

"그대는 노인이라면 음식을 끊고 먹지 말아야 한다고 생각하시오? 책을 읽는다는 것은 음식을 먹는 것과 같소. 아침에 먹은 음식은 저녁이면 소화되고, 낮에 먹은 음식은 밤이면 분해되오. 하지만 소화된 음식은 체액이 되어 우리 몸을 두루 돌아다니니, 이것이 없으면 사람은 굶어 죽고 마오. 책을 읽는 것도 마찬가지요. 돌아서면 잊어버리더라도 계속해서 읽는다면, 내게 녹아든 책의 내용이 어디로 가겠소."

조선 시대 문인 신국빈(申國賓, 1724~1799)의 『태을암집(太乙菴集)』 중 「노인독서해조(老人讀書解嘲)」에 나오는 이야기입니다. '독서유음식야(讀書猶飲食也)', 즉 책을 읽는 것은 음식을 먹는 것과 같다는 뜻입니다. 나이가 들면 기력이 쇠합니다. 일을 하고 싶어도 몸이 따라주지 않아 마음대로 할 수 없습니다. 무기력한 삶은 죽을 날만을 손꼽아 기다리며 마지못해 살아가는 시간이 되기 쉽습니다. 하지만 황혼에 저물어가는 이 노인의 삶은 얼마나 아름답습니까. 책이라는 동반자를 통해 노인은 자신만의 세계에서 즐겁게 마음의 밭을 갈고 있습니다.

저물어가는 가을 햇살 아래, 삶의 끝자락에서도 그는 성장을 멈추지 않습니다. 이러한 삶의 비장미와 경건함은 음악을 타고 흐릅니다. 시칠리아 섬의 한 마을을 배경으로 하는 마스카니의 오페라 〈카발레리아 루스티카나(Cavalleria Rusticana)〉의 '간주곡'입니다. 사랑하는 여인을 지키기 위해 목숨을 건 결투를 앞두고 흐르는 이 곡은, 장엄한 오케스트라 연주로 시작부터 듣는 이의 눈을 감게 합니다. 순결하고 서정적인 멜로디는 마치 광활한 초원을 달리는 듯합니다.

고요한 현의 움직임은 파도를 넘으며 춤을 추고, 시적 이미지는 깊은 향기를 풍깁니다. 죽음 앞에서 자신을 되돌아보게 하는 시간. 가지 않아도 될 길임을 알면서도, 그 끝이 무엇을 의미하는지 알면서도 나를 찾기 위해 선택한 그 길 위로 비장미가 가득 넘쳐흐릅니다. 오르간 소리가 종교적인 엄숙함을 더하면, 격한 긴장감은 한순간에 경건한 평화로 가라앉습니다. 이 곡은 영화 〈대부 3〉의 마지막 장면에서도 흐릅니다. 시칠리아의 햇살 아래 젊은 시절을 회상하며 쓸쓸히 숨을 거두는 마이클의 삶을 이 선율이 대변해 줍니다.

내 삶의 하루는 밭을 가는 일입니다. 고추와 과일을 키우고 가꾸며
수확하듯, 노래하는 이들의 목소리와 바이올린의 선율을 통해 마음을 가꿉니
다. 책 속의 글귀들을 명상하고, 한 잔의 차를 마시며 마음을 다독입니다. 사랑하
는 사람들의 마음을 가만히 바라봅니다. 이 모든 것이 가슴 속에 자리한
'마음 밭'을 일구는 일입니다.
이것들은 삶의 끝자락까지 함께할 소중한 동반자들입니다.
세상 사람들이여, 삶의 마지막을 빛내줄 동반자를 찾으십시오. 그리고
그들과 함께 부지런히 마음의 밭을 일구십시오. 한 순간도 책을 놓지 않고
자신의 밭을 일구었던 저 노인처럼 말입니다.

언제부터였을까요. 이 마을 저 마을 나지막한 뒷산들을 찾기 시작했습니다. 상큼하고 시원합니다. 더위를 피해 홀로 찾아온 숲은 인적이 드문 고요한 곳입니다. 누구도 나를 찾지 않는 오직 나만의 시간, '시오(時晤)'의 공간입니다. 이름 없는 마을 뒷산과 마을을 이어주던 옛 산길. 꿩과 새들이 내 발걸음에 화들짝 놀라 도망치기 바쁘고, 야생 토끼도 나를 경계하며 후다닥 뜀박질합니다. 간혹 멀뚱멀뚱 나를 쳐다보는 고라니와 마주하기도 합니다. 산행에 낭만만 있는 것은 아닙니다. 뱀을 마주할 때면 오싹해지는 순간도 있습니다. 하지만 지금 이 순간을 즐기려 합니다. 온전히 사색할 수 있는 '시오'의 시간이기 때문입니다.

여기저기 뿌려진 삶의 흔적들이 영원하지 않을 것임을 떠올려 봅니다. 숱한 사람들을 만나고 헤어지며, 홀로 걷는 시간은 갈수록 길어집니다. 내 삶 중 그나마 다행인 것은 욕심내지 않고 살았다는 점입니다. "그래요", "그러시든지", "그대 뜻대로". 이 세 마디로 함축되는 삶이었습니다. 이제 내게 남은 시간은 조금씩 허물을 벗어내는 시간들뿐입니다. 나는 누구인가, 진정 사람의 길을 가고 있는가. 그 껍질이 완전히 벗겨질 때 삶은 끝이 나겠지요. 이것 또한 삶의 과정이니 어쩔 수 없는 노릇입니다. 이런 나를 누군가는 기억해 줄까요. 아마도 사람들의 입에 오르내리다 그 기억 속에 하나의 '전설'로 물들어 갈 것입니다.

애타는 마음과 갈등의 시간. 도입부의 피아노 선율이 절묘합니다. 이러지도 저러지도 못하는 마음을 아는지 바이올린 소리는 애처롭기 그지없습니다. 비에냐프스키의 '전설(Légende)'입니다. 절망이라는 활시위가 슬픔에 날개를 달아 튀어 오릅니다. 마치 지난날을 회상하는 영감을 떠올리게 합니다. 때로는 누군가를 찾는 그리움으로 소리쳐 불러보기도 하는 강한 호소력이 담겨 있습니다.

갑자기 바이올린 소리가 요동칩니다. 격한 감정의 표현입니다. 젊은 날의 청춘, 억제할 수 없는 욕망이 마음을 사로잡습니다. 그렇습니다. 사랑은 늘 욕망 속에 피어나는 꽃입니다. 비에냐프스키는 사랑하는 여인 이자벨라 햄프턴의 아버지에게 청혼하나 매정한 거절을 당했습니다. 슬픔과 그리움으로 가득 찼던 선율이 다시 반복됩니다. 아름다웠던 나날들, 후회 없는 진실한 사랑이었다고 노래합니다. 작곡가는 '전설'이라는 이름의 이 곡을 연주하는 음악회에 그녀의 가족을 초대했습니다. 이자벨라의 아버지는 음악 속에 담긴 진실한 사랑의 이야기를 듣고 마침내 두 사람의 결혼을 허락했습니다.

비에냐프스키 H. Wieniawski
전설Légende Op. 17

한 잔의 차는
나의 허물을 벗는 시작입니다

이 곡은 그녀에게 헌정되었고, 두 연인의 사랑은 정말로 전설이 되었습니다. 공자는 노나라 악장에게 말했습니다. 음악의 세계는 하나 됨의 세계라고 말입니다. 조금의 대립 의식도 허용되지 않는 세계입니다. 연주자의 마음과 손과 악기가 하나가 되고, 동료 연주자들과도 하나가 됩니다. 그리하여 연주자와 청중이 마음과 마음으로 화합하는 것, 이것이 바로 '미발(未發)'의 음악입니다.

어느덧 가을입니다. 숲속의 나무들이 황금빛 치장을 시작합니다. 그리고 머지않아 그 치장을 벗고 본연의 모습으로 돌아갈 준비를 할 것입니다. 순리에 따르는 자연의 세계에는 거짓이 없습니다. 마음과 마음이 전해지는 진실만이 존재할 뿐입니다. 겉치레와 허물을 벗어던지고 참된 나를 찾는 것. 한 잔의 차를 마시는 일 역시 나의 허물을 벗어내는 경건한 시작입니다.

숙우회

모든 것은 결국
나와의 싸움입니다

사무엘 바버Samuel Barber,
현을 위한 아다지오Adagio for Strings

툭, 신발 앞에 시커먼 물체가 떨어집니다. 깜짝 놀라 뒷걸음질 치다 정신을 가다
듬고 조심스럽게 그 실체를 들여다봅니다. 털이 갓 자라난 비둘기 새끼입니다.
어디서 떨어진 걸까요. 비둘기 새끼도 놀랐는지 어디로 가야 할지 몰라 허둥지
둥 총총걸음입니다.

집을 허문 뒤편 언덕, 신이대가 그들만의 영역을 쌓고 있습니다. 톱날 예초기로 신
이대 밑동을 하나하나 자르던 중이었습니다. 키가 3미터나 되는 가느다란 신이대
머리 위에 비둘기가 집을 지었을 리는 없습니다. 바람에 쉽게 흔들려 쓰러져 버릴
테니까요. 제가 간과한 것은 신이대를 몸통 삼아 은근슬쩍 손을 뻗치고 있던 칡덩
굴이었습니다. 칡덩굴이 신이대 사이사이를 촘촘하고 안전하게 지탱해주고 있었
고, 비둘기는 바로 그 칡덩굴 위에 집을 지었던 것입니다. 톱날에 칡덩굴이 잘리
자 집이 무너져 내린 모양입니다. 한 마리가 아니었습니다. 두 마리가 더 길을 헤
매고 있고, 어디선가 어미 비둘기 두 마리가 다급히 날아왔습니다.

느린 선율이 시작부터 가슴을 길게 휘어잡습니다. 깊은 애수가 내면의 영혼을 흠뻑 적십니다. 오랜만에 들어보는 곡이지만 여전히 강렬한 마력을 발신합니다. 베트남 전쟁 영화 〈플래툰〉에 삽입되었던 사무엘 바버의 '현을 위한 아다지오'입니다. 본래 〈현악 사중주곡 Op. 11〉의 2악장이었던 것을 현악 오케스트라용으로 편곡한 곡입니다. 가슴이 미어질 듯 강렬하면서도 명상에 빠질 듯 우다한 울림이 비장미를 일깨우 줍니다.

'나는 누구였던가. 그대는 누구였던가. 우리는 누구였던가.'

바이올린의 뒤를 이어 비올라가 아련한 그리움을 전하며 호소력 있게 다가옵니다. 이 곡은 존 F. 케네디나 그레이스 켈리의 장례식 등 유명인들의 개도식에서도 연주되었다고 합니다. 이어지는 첼로 소리는 차분했던 여운을 격한 열정으로 끌어올립니다. 어느 평론가는 이 곡을 두고 '애수와 카타르시스의 열정으로 가득하다'고 평했습니다. 다시 여린 선율로 돌아오면 눈을 감고 호흡을 가다듬게 됩니다. 바이올린이 비올라에게, 비올라가 바이올린에게, 다시 바이올린이 첼로에게 서로의 감정을 이야기합니다. 서정적인 그들만의 대화는 완벽한 화음이라는 묵직한 여운 속에 정적으로 사라져 갑니다.

어린 비둘기 새끼들은 어미를 무사히 찾아갔을까요. 어미는 새끼들을 다시 품에 안았을까요. 그들만의 소리, 본능의 언어로 서로를 만났을 것입니다. 영화 속 전쟁은 누구와의 싸움이었을까요. 결국 타인과의 전쟁이 아닌 '나와의 싸움'이었다는 마지막 독백이 떠오릅니다. 내 안에 숨겨진 숱한 이기적인 군상(群象)들. 모든 것은 결국 나와의 싸움입니다. 길을 잃지 않으려 발버둥 치는 나와의 건투업니다. 신이대를 흔들그리지 않게 잡아주던 칡덩굴, 그리고 그 위에 자리 잡았던 비둘기 집. 이 모든 것이 흔들리는 나를 되잡아주는 시간의 연속들입니다. 이 소리, 저 소리 속에 흔들리는 나를 발견하고 다시 바로 서려 노력하는 나. 이 모든 모습이 내 안의 '나'입니다. 흐트러진 나를 바로잡는 차 한 잔, 그리고 다시 나를 다주합니다.

삶은 늘 의심과
고민을 가져다줍니다

라벨Ravel,
'피아노 협주곡 G장조' 제2악장 아다지오 아사이Adagio assai

시디신 계절입니다. 꽃을 피우고 알음알음 열매를 맺었던 지난날들. 그것이 슬픔
이었든 기쁨이었든, 모든 것들이 소리 없는 내면의 아우성으로 여물어갑니다. 더
운 가을날들의 연속이지만, 무딘 시간의 흐름은 변하지 않습니다. 곧 단풍이 들고
낙엽이 떨어지며 눈이 내리겠지요. 가벼운 옷차림은 점차 두꺼워질 것입니다. 느
린 것처럼 보여도 세월은 빠르고, 빠른 것처럼 느껴져도 마음은 더디게 흐릅니다.
각기 다른 삶의 나날 속에 느껴지는 마음가짐일 테지요. 아쉬움과 여운이 날아다
니는 문턱, 삶의 영혼들이 아물어가는 시디신 계절입니다.
고요한 침묵 속에 아주 고운 피아노 울림이 리듬을 탑니다. 느린 손걸음이지만 더
없이 섬세합니다. 귀를 쫑긋 세우고 스스로 눈을 감게 만드는 소리. 나를 되돌아
보게 하는 내면의 숨소리이자 묵상입니다. 절로 고개가 숙어집니다. 〈볼레로〉의
작곡가 라벨이 쓴 '피아노 협주곡 G장조' 중 제2악장 아다지오 아사이(매우 느
리게)입니다. 느림의 미학이 얼마나 아름다운지, 단조로운 느림이 얼마나 서정적
인지를 일깨워줍니다. 청량한 플루트와 오보에, 클라리넷 소리에 맞춰 눈을 감고
몸을 자연스럽게 좌우로 흔들어 봅니다. 달콤합니다. 절로 미소 짓게 만듭니다.
서로 말하지 않아도 통한다는 느낌, 소리와 소리가 소리로 소통하고 있습니다.
피아노가 다시 선율을 이어나갑니다. 처연함도 슬픔도 결국 아름다움의 일부라
는 것을 이제야 알 것 같습니다. 잉글리시 호른이 아무도 없는 고요한 대지의 숨
결을 느끼게 하며 미묘한 감정을 불러일으킵니다. 차분하고 우아합니다. 하지만
모든 것은 한순간입니다. 꺼질 듯이 사라져 가는 피아노 소리가 여운을 남깁니다.
'시디신'이라는 말을 뱉으니 입안에 침이 고입니다. 맛이 몹시 시고, 뒤늦게 아린

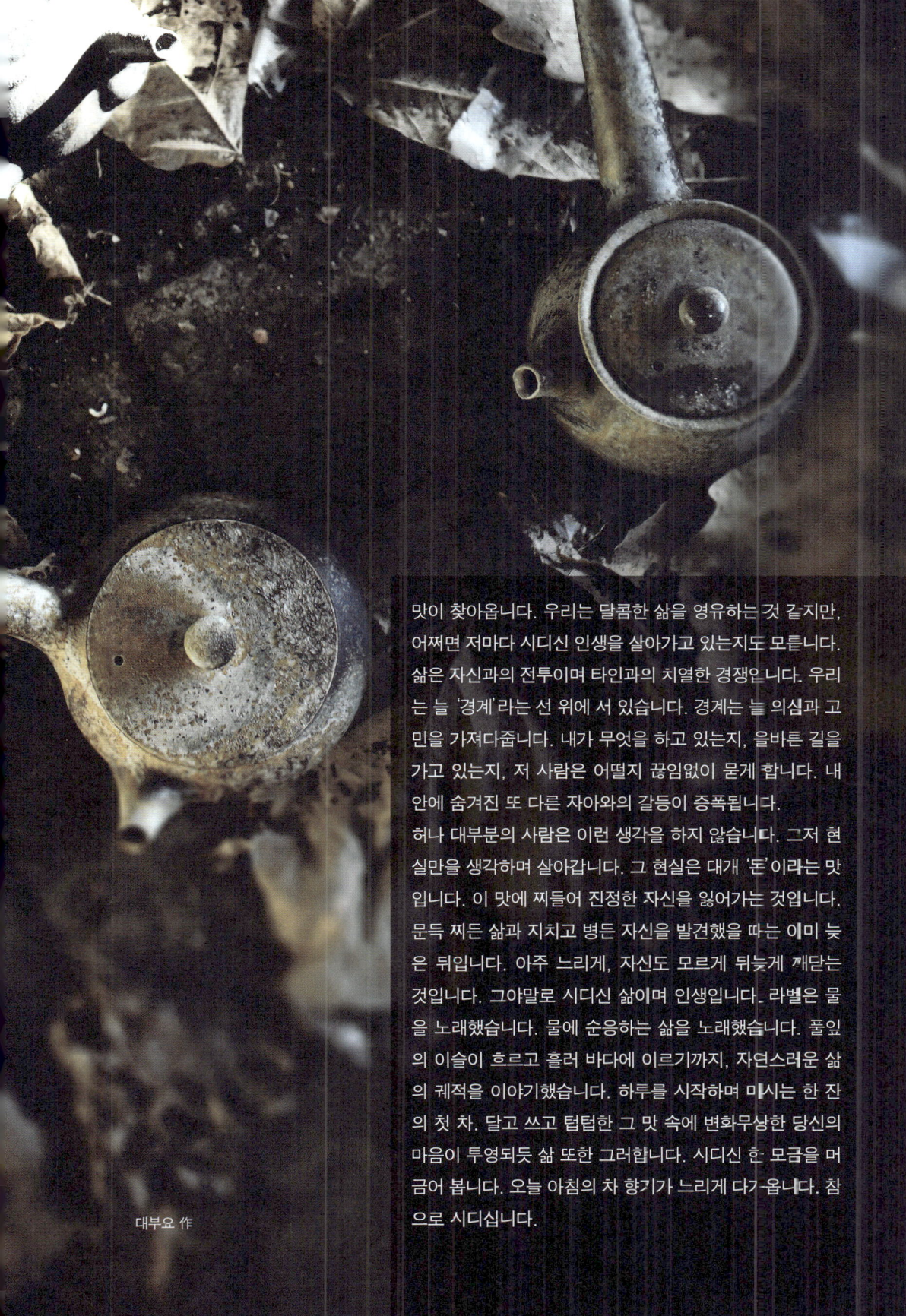

맛이 찾아옵니다. 우리는 달콤한 삶을 영유하는 것 같지만, 어쩌면 저마다 시디신 인생을 살아가고 있는지도 모릅니다. 삶은 자신과의 전투이며 타인과의 치열한 경쟁입니다. 우리는 늘 '경계'라는 선 위에 서 있습니다. 경계는 늘 의심과 고민을 가져다줍니다. 내가 무엇을 하고 있는지, 올바른 길을 가고 있는지, 저 사람은 어떨지 끊임없이 묻게 합니다. 내 안에 숨겨진 또 다른 자아와의 갈등이 증폭됩니다.

허나 대부분의 사람은 이런 생각을 하지 않습니다. 그저 현실만을 생각하며 살아갑니다. 그 현실은 대개 '돈'이라는 맛입니다. 이 맛에 찌들어 진정한 자신을 잃어가는 것입니다. 문득 찌든 삶과 지치고 병든 자신을 발견했을 따는 이미 늦은 뒤입니다. 아주 느리게, 자신도 모르게 뒤늦게 깨닫는 것입니다. 그야말로 시디신 삶이며 인생입니다. 라별은 물을 노래했습니다. 물에 순응하는 삶을 노래했습니다. 풀잎의 이슬이 흐르고 흘러 바다에 이르기까지, 자연스러운 삶의 궤적을 이야기했습니다. 하루를 시작하며 마시는 한 잔의 첫 차. 달고 쓰고 텁텁한 그 맛 속에 변화무상한 당신의 마음이 투영되듯 삶 또한 그러합니다. 시디신 한 모금을 머금어 봅니다. 오늘 아침의 차 향기가 느리게 다가옵니다. 참으로 시디십니다.

대부요 作

생生과 사死는
한 몸입니다

브람스의 눈물,
현악 6중주 제1번 Op. 18

고뇌의 시간들이 가을을 물들입니다. 생애 한가운데서 모든 것이 무르익습니다. 알음알음 몸을 불리며 내실을 채우고, 그 맛이 당도를 더할 때 과실들은 비로소 가지를 떠나갑니다. 천연색으로 물든 그 몸은 먹음직스럽고 예쁩니다. 시장에서의 몸값 또한 제법 나갈 것입니다. 가지에서 떨어져 나가는 한순간의 육체 이탈. 그것을 생(生)이라 해야 할지, 사(死)라 해야 할지 구분할 수 없습니다.

생이 있기에 죽음이 존재합니다. 호랑이는 가죽을 남기고 사람은 이름을 남긴다고들 하지요. 하지만 모든 구속에서 자유로워지는 그 순간, 죽음이 있기에 비로소 삶은 빛나는 것입니다. 인생에 있어 실패와 성공이 따로 어디 있겠습니까. 매 순간 최선을 다하는 삶, 그 자체가 흐르는 시간 속에 다가오는 아름다운 노래입니다. 우리 곁에는 늘 죽음이 함께합니다. 죽음 앞에서 삶이 유독 힘겹게 느껴지는 것은 아마도 성공해야 한다는 강박 때문일 것입니다. 그보다 고통스러운 것이 어디 있겠습니까. 삶은 어쩌면 고통의 연속인지도 모릅니다.

브람스가 27세에 작곡한 '현악 6중주 제1번' 중 2악장은 일명 '브람스의 눈물'이라 불립니다. 슈베르트의 '죽음과 소녀'를 떠올리게 하는 도입부부터 클라라 슈만에 대한 애절한 사랑을 노래합니다. 아련한 선율 속에 정열적인 외침이 은은하게 뿜어져 나옵니다. 한순간도 당신을 잊을 수 없다는 비장한 운율이 느껴집니다. 두 대의 비올라와 두 대의 바이올린이 절묘하게 어우러지며 사랑의 호흡을 맞춥니다. 서정적인 리듬은 애수 어린 눈빛으로 상대를 그윽하게 바라보는 듯합니다. 평생을 독신으로 살았던 브람스.

그의 음악 속에는 젊은 날의 청춘이 긴 여운을 던지고 있습니다. 이루어질 수 없는 사랑, 그저 바라만 보아야 하는 냉혹한 현실. 아름다운 사랑 뒤에 다픔과 고통이 따른다는 것, 그리고 이 모든 것을 감내해야 하는 것이 나의 운명임을 받아들입니다. 이때 두 대의 첼로가 더욱 가슴 시리게 울립니다. 다른 악기들은 한 쌍을 이루어 화답하건만, 환희와 기쁨으로 넘쳐났던 지난날들은 슬픈 첼로의 흐느낌처럼 아련히 사라져 갑니다. 모든 것이 꿈결 같은 시간이었다고 고백하는 듯합니다.

부처는 생로병사를 통해 사는 것 자체가 고행의 길이라 설파했습니다. 사랑하는 사람과 헤어지는 고통인 애별리고(愛別離苦), 미워하는 사람과 만나야 하는 고통인 원증회고(怨憎會苦) 등 사람 사이의 아픔을 이야기합니다. 하지만 이 모든 고통은 결국 지나간 과거의 망상일 뿐입니다. 망상에 집착하는 것은 스스로를 자멸하게 만듭니다. 부처는 이러한 집착마저 버려야 한다고 말합니다. 훌훌 털어내지 못하는 것은 결국 자기 안의 관념일 뿐이지요. 과거의 망상이야말로 헛된 자화상이 아니겠습니까. 무언가를 억지로 얻고자 할 때 고통은 더 커질 것입니다. 이 또한 우리가 살아가는 인생입니다. 생(生)이 있기에 보이지 않는 등반자인 사(死)가 늘 곁에 있는 것입니다. 신분과 직업을 떠나 인간의 삶은 죽음에 이르러서야 가장 아름답게 빛납니다. 감나무에서 감이 스스로 떨어집니다. 이것은 생입니까, 사입니까. 다관 속에서 찻물이 조용히 너울거립니다.

生死

웅천요 소장

세상의 모든 이야기를 듣고 나르며, 만물을 어루만지는 존재인 바람. 웃음과 눈물, 슬픔 등 모든 것이 바람에 의해 전해집니다. 이제 바람의 계절입니다. 인간과 대지의 모든 존재가 숨을 죽이는 계절이 왔습니다. 나바호족의 노래를 떠올려 봅니다.

**"나는 땅의 끝까지 가 보았네. 물이 있는 곳 끝까지도 가 보았네.
나는 하늘 끝까지 가 보았네. 산의 끝까지도 가 보았네.
나와 연결되지 않은 것은 하나도 발견할 수 없었네."**

이 노래처럼 우리 인간은 대지와 연결된 자신을 잊고 살아갑니다. 무엇보다 인간인 '나'라는 존재를 망각하며 걸어갑니다. 시간은 바람 속에 지나갑니다. 그러다 문득 바람결에 내가 누구였는지, 무엇을 하고 살았는지 죽어가는 현실 속에서 비로소 인식하게 됩니다. 나바호족의 이야기는 현실을 도피하며 살 수 없다는 뜻입니다. 살아 있는 동안 무엇을 하든 최선을 다하는 자신을 찾으라는 것이지요. 최선을 다하는 인간의 삶이야말로 대지의 영원한 안식 속에 잠들어 간다고 역설하는 것입니다. 구스타프 말러(Gustav Mahler)의 '교향곡 제5번' 제4악장 아다지에토(Adagietto)가 흐릅니다. 시작부터 귓가를 강렬하게 끌어당깁니다. 강물이 구슬피, 그러면서도 유유히 흐르듯 물결칩니다. 쓸쓸함을 머금은 감미로운 선율에 절로 숨을 죽이게 됩니다. 아련한 이야기들을 스스로 음미하듯 풀어내다가도, 때로는 휘몰아치는 감정이 파고를 넘습니다. 아주 느리게, 아주 천천히. 회상의 시간은 긴 여운을 남기고 흘러갑니다. 연인들의 밀어 같은 속삭임은 지난날의 달콤함을 소환하고, 선율은 감성을 무던히 자극합니다. 사랑의 이야기들이 쓸쓸히 다가옵니다. 좋았던 때가 있으면 슬플 때도 있는 법입니다. 삶은 늘 쾌락 끝에 고통이 오고, 고통 끝에 커다란 즐거움이 존재합니다. 묘한 조화를 이루는 낭만과 쓸쓸함이 가슴을 강렬하게 파고듭니다.

**웃음과 눈물, 슬픔 등
모든 것이 바람에 의해 전해집니다**

**말러Mahler
'교향곡 제5번' 제4악장
'아다지에토Adagietto'**

「나는 세상에서 잊혀졌네」를 인용하고 있습니다. 사랑하는 사람을 보내고 홀로 남은, 그리 멀지 않은 자신의 삶을 예감하는 절절한 고백입니다. 세상에서 잊힐 수 있는 존재는 나 자신뿐입니다. 하지만 삶은 누군가에 의해 기록되고 전해지는 법입니다. 말러는 떠났지만 그의 영혼이 여전히 우리 곁에 머무는 것처럼 말입니다. 나바호족은 죽은 뒤에도 삶은 영원하다고 믿었습니다. 대지에 묻힌 육체일지라도 영혼은 영원히 바람에 실려 다니며 이 대지를 떠나지 않는다고 말입니다. 그렇기에 살아가는 동안 최선을 다해 대지의 삶에 순응하며 정성을 다해야 한다고 외쳤습니다. 그것이 자연의 순리이기 때문입니다.

세상에 완전히 잊히는 존재는 아무도 없습니다. 홀로 고독을 음미하며 한 잔의 차를 마시고 인생을 달관하는 그 중심에도 '내'가 있습니다. 내가 있기에 세상도 존재합니다. 대지의 자식인 우리네 삶은 아주 느리고 더디게 지나가는 듯하지만, 어느 순간 돌아보면 모든 것은 한 찰나의 꿈입니다.

삶의 모든 순간은
해 질 무렵입니다

**슈베르트Schubert,
피아노 삼중주 제2번 Op. 100**

붉은 욕망의 씨앗들이 가을 들녘을 들쑤십니다. 아무도 모르게 살며시 다가온 인기척, 그리고 숨 죽이며 지내온 나날들. 고구마 줄기는 덩달아 붉게 달아오르고, 한때 황금 열매라 불렸던 벼 이삭들도 겸허히 고개를 숙입니다. 감, 사과, 배 등 열망의 결정체들이 자신의 몸에서 '유체 이탈'을 준비합니다. 자기 몸인 듯 아닌 듯 욕망의 덩어리들이 하나둘 떨어져 나갑니다. 자신의 본분을 다하고 흔적을 남기기 위해 살아온 지난날의 희망은, 이제 돌이킬 수 없는 이별의 괴리로 남았습니다. 이것이 생태계의 이치겠지요. 단순히 살아가기 위한 과정이 아니라, 무엇인가를 완성하기 위한 삶의 여정인 것입니다. 비록 그 끝이 예상보다 일찍 찾아올지라도 우리는 결코 손을 놓을 수 없습니다. 욕망이라는 화살이 시위를 떠난 삶의 궤적 끝에서, 우리는 저물어가는 해를 바라봅니다. 어두운 밤, 물결이 잠잠한 고요한 호수가 떠오릅니다. 어둠 속에 고인 물을 가볍게 툭툭 치는 피아노의 터치가 청아하다 못해 경쾌합니다. 그 숨소리가 한순간 귓가를 사로잡습니다. 가련한 여인의 목소리마냥 여린 음색의 첼로가 매혹적인 눈망울로 동행합니다. 이보다 더한 자연의 조화가 어디 있을까요. 감미로우면서도 치명적인 매력이 느껴집니다.

슈베르트 생애에 대중적으로 큰 인정을 받았던 몇 안 되는 곡 중 하나긴 '피아노 삼중주 제2번' 중 제2악장 '안단테 콘 모토(Andante con moto)'입니다. 스웨덴 민요인 '해가 지는 모습을 보네'에서 영감을 얻은 반복적인 피아노 반주 음형이 도입부에 흐릅니다. 마치 중독성 있는 감미료처럼, 듣는 이를 단숨에 명상의 세계로 인도합니다. 해가 지는 모습에서 자신의 운명을 예감했던 슈베르트의 영감이 느껴집니다. 같은 해 〈겨울 나그네〉를 작곡했던 우수 어린 그의 얼굴이 첼로 선율 속에 담겨 있습니다. 긴장감이 감도는 피아노와 하강하는 음계의 바이올린 선율은 아름답기 그지없습니다. 장조와 단조를 넘나드는 이 곡은 〈겨울 나그네〉, 〈백조의 노래〉와 더불어 슈베르트라는 이름을 세상에 깊이 각인시켰습니다. 서른한 살이라는 젊은 나이에 세상을 떠나기 직전, 그는 이 곡을 완성했습니다. 고독한 자신을 숨기려는 듯한 애상적인 선율은 영화 〈해피엔드〉의 테마곡으로 쓰이기도 했습니다. 굶주림과 가난에 시달렸던 천재 음악가 슈베르트에게 삶은 곧 '창작'이라는 열정 그 자체였습니다. 숱한 명곡들은 그가 죽고 나서야 비로소 세상에 울려 퍼졌습니다. 어쩌면 이 피아노 삼중주는 자신의 삶이 마지막을 향해 가고 있음을 노래한 비련의 환희였을지도 모릅니다. '해가 지는 모습을 보네.' 하루를 마감하며 바라보는 해 질 녘의 풍경에서 경기도 일산의 어느 가을 오후를 떠올립니다. 같은 아파트 단지에 사는 70대 남녀 노인이 있었습니다. 자식들의 극심한 반대로 몰래 만남을 이어가던 분들이었지요. 해가 질 무렵이면 그들은 헤어져야만 했습니다. 그들이 할 수 있는 유일한 일은, 두 손을 꼭 잡고 벼가 익어가는 들녘을 말없이 바라보는 것뿐이었습니다.

기운 없이 돌아서던 그 아쉬운 뒷모습을 잊을 수 없습니다. 두 남녀의 존재 자체가 이미 '해 질 무렵'이었으니까요. 어차피 인간의 생(生)은 미련으로 가득한 나날들입니다. 삶의 모든 순간은 결국 해 질 무렵과 같습니다. 이 순간 내가 존재하느냐 그렇지 않느냐는 모두 그 짧고도 강렬한 황혼의 찰나에 달려 있습니다.

해 질 녘이던 무수한 사연이 숨을 죽이고, 동시에 숱한 이야기가 깨어납니다. 그 시간의 깊이는 도저히 가늠할 수 없습니다. 누군가에게는 뜨거운 열정으로, 누군가에게는 시린 아쉬움으로 남기 때문입니다. 오늘 밤, 해 질 녘의 향기가 누군가에게로 날아갑니다.

욕망의 실체는
나를 잡아먹는 독이자
족쇄와 같습니다

랄로Lalo,
첼로 협주곡 D단조 Cello Concerto in D minor

밤과 낮의 기온 차가 들썩이는 가을입니다. 아침이면 스멀스멀 피어오른 안개가 대지를 덮는 날이 많아집니다. 과일들은 자신의 열매를 내려놓고, 나무들은 낙엽을 훌훌 털어버립니다. 자연계의 생명들은 겨울이 오기 전, 몸 안에 가득 찼던 욕구들을 버립니다. 바야흐로 '비움의 계절'인 것입니다. 이는 태생적으로 결정되어 있는 본능적인 행동의 연속입니다.

본래 자연계에는 욕망이 없습니다. 그래서 사람들은 나무 앞에 머리를 숙이고 그 몸통을 어루만집니다. 스스로 겸손해지며 나무를 닮고자 하는 것이지요. 그 순간 만큼은 인간도 순수해집니다. 동물에게도 욕망은 없으며, 그저 생존을 위한 욕구만 있을 뿐입니다. 욕구란 결핍을 충족하기 위해 이미 존재하는 본능입니다. 사람도 마찬가지입니다. 다만 욕망은 마음과 눈에서 생겨나 움직인다는 점이 다릅니다. 시원한 것이 먹고 싶을 때 물이나 아이스크림으로 채우면 그만인 것은 '욕구'입니다. 하지만 욕망이 두려운 이유는 그 대상이 오직 하나이기 때문입니다. 그 어떤 것으로도 대신할 수 없는 집착, 만족할 수 없는 내면에 감춰진 분노. 그 분노는 자신을 살찌우는 욕망의 영양제가 되고 맙니다. 이른 아침, 대왕참나무 숲을 걷습니다. 떡갈나무의 사촌 격인 이 나무들이 조경업자의 손길로 가꾸어진 숲입니다. 자욱한 안개가 운치를 더합니다. 우수 어린 슬픈 가락이 나무 사이사이로 숨결을 가득 채웁니다. 나무들 곁에서 듣는 선율은 언제나 좋습니다. 우아한 첼로 독주가 이어집니다. 무덤덤하면서도 느린 걸음을 닮은 소리. 첼로 협주곡 중 명곡으로 손꼽히는 랄로(Édouard Lalo)의 '첼로 협주곡 D단조'입니다.

랄로가 남긴 유일한 첼로 협주곡인 이 곡 중, 제2악장 '인테르메초(Intermezzo: Andante con moto)'를 듣습니다. 나무가 지닌 기품처럼 고상한 기운이 연신 넘나듭니다. 신선한 아침 이슬처럼 산뜻함이 잠시 살아 숨 쉽니다. 랄로에게도 음악적인 욕망은 있었을 것입니다. 밖으로 표출하지 못한 욕망은 이토록 아름다운 선율로 승화되었습니다. 욕망도 갈무리하기 나름이니, 이처럼 아름다운 욕망이 또 어디 있을까요. 나무들 사이를 기웃거리는 안개처럼 음악은 우리를 돈환적인 세계로 인도합니다. 온기가 살아 있는 서정적인 감미로움이 참으로 아름답습니다. 나뭇잎에서 이슬방울이 툭 떨어집니다. 예술은 고이 잠든 사화산이 아닙니다. 잔뜩 움츠린 채 숨을 죽인 휴화산이자, 욕망을 가득 담은 활화산입니다. 랄로의 첼로 선율처럼 말입니다.

사람만이 가질 수 있는 욕망. 그 욕망이라는 울타리 안에서 사람은 새로운 자아를 만들어 냅니다. 그것은 본능적인 욕구의 자아가 아니라, 이율배배적인 욕망의 덩어리입니다. 인간에게는 두 개의 자아가 있는 셈입니다. 욕망은 늘 특정한 대상을 향합니다. 하나가 해소되면 또 다른 대상이 생겨납니다. 멈추지 않는 욕망은 시간이 흐를수록 끝없이 증식합니다. 명예를 얻으면 명예만으로 만족하지 못합니다. 돈이 필요해지고, 돈이 생기면 권력을 쥐고 싶어 합니다. 나아가 모든 이에게 사랑받기까지 바랍니다.

욕망을 활활 타오르게 하는 또 하나의 동력은 누군가를 모방하려는 심리입니다. 보이지 않는 경쟁자를 의식하고 그 위에 서고 싶은 욕망, 그것이 인간의 민낯입니다. 성인들은 말합니다. 뒤돌아보면 욕망의 실체는 나를 잡아먹는 독이자 족쇄와 같은 것이라고 말입니다. 세상에서 가장 무서운 존재는 사람이며, 사람만큼 독한 존재도 없습니다. 묵상의 시간, 다시 숲길을 걷습니다. 내 안의 숲에 가득 찬 욕망의 덩어리들을 내려놓기 위해서입니다. 이제는 이것이 습관이 되었습니다. 흔들리는 찻잔에 비친 내 얼굴을 가만히 들여다봅니다.

D minor

옛사람들은 산이 되고
물을 닮으라 했습니다

스베틀라나Svetlana,
나 홀로 길을 가네Vyzhu odin ya na dorogu

깊은 산속 옹달샘에서 시작된 물이 졸졸졸 능선을 타고 내려갑니다. 쉼 없는 여정의 시작입니다. 물길은 능선을 깎아 골짜기를 이루고, 사이사이 선녀들이 쉬어 갈 법한 소(沼)와 작은 연못들을 만들어 냅니다. 때로는 거대한 바위도 뚫어버리는 강인함을 보입니다. 어떤 날은 밤하늘의 별을 들러리 삼아 흐르고, 그 물줄기는 계곡이 되고 협곡이 되어 지형을 바꿉니다. 때로는 아름다운 실개천이 되어 다정한 얼굴을 들이밀기도 합니다. 달빛이 빛나는 아름다운 밤, 물에게 그 길은 결코 외롭지 않은 여정이었습니다. 바람결에 몸을 맡긴 채 낮은 곳으로 임하는 동행의 시간이었습니다.

실개천을 벗어난 물은 어느덧 커다란 강물이 되어 꿈틀거립니다. 강둑 너머 사람들에게 물은 화가에게는 화폭이 되고, 시인에게는 영감이 되어 찾아들었습니다. 뭇사람들에게는 놀이터가 되고 추억의 한 소절로 자리 잡았습니다. 끊임없는 순례의 끝에서 물은 마침내 파도가 밀려드는 거대한 바다가 됩니다. 총총한 별들이 가을 하늘을 수놓습니다. 이어지는 침묵의 공간 속에서 차이코프스키의 교향곡 〈비창〉이 여운을 남기며 별들 곁으로 날아갑니다. 아련한 그리움이 그 뒤를 잇습니다. 이국적이면서도 우수에 젖은 목소리가 다시 정적을 물들입니다. '나 홀로 길을 가네'. 스베틀라나가 부르는 러시아 민요입니다.

"나 홀로 길을 나섰네. 안개 속을 지나 자갈길을 가네.
밤은 고요하고 황야는 신께 귀 기울이며, 별들은 서로 이야기를 나누네.
하늘의 모든 것은 장엄하고 경이로운데, 대지는 창백한 푸르름 속에 잠들어 있다네.
왜 나는 이토록 아프고 괴로운가? 무엇을 후회하고 무엇을 기다리는가?
아! 삶 속에서 더 이상 바랄 것이 없고, 지나가 버린 날들에 아쉬움을 느끼지 않네.
나는 자유와 평온을 얻고 싶고, 모든 걸 잊기 위해 영원히 잠들고 싶다네."

러시아의 서정시인 레르몬토프(Lermontov)의 시에 곡을 붙인 이 곡은 지극히 낭만적입니다. 소비에트 연방 시절, 망향의 그리움을 달래주던 노래로도 잘 알려져 있습니다. 레르몬토프는 항상 결투를 마다하지 않았던 인물이었습니다. 1841년 7월 퍄티고르스크 근처 평원에서 동료 사관과 벌인 결투에서 그는 서른이 채 안 된 27세의 나이로 요절했습니다. 젊은 날의 찬란한 불꽃이 허망하게 꺼져버린 것입니다. 고인 물은 썩기에 물은 쉬지 않습니다. 쉬엄쉬엄 자기만의 길을 걸어갑니다. 누구의 도움도 없이 홀로 길을 갑니다. 거대한 댐이 물을 가둔다 하지만 그것은 잠시뿐인 방책일 뿐, 결국 물이 가진 거대한 흐름 앞에 굴복할 수밖에 없습니다. 자유로운 영혼을 가진 물의 날개를 어찌 꺾을 수 있겠습니까.

물은 태초부터 순리의 삶을 홀로 실천해 왔습니다. 옛사람들은 '산이 되고 물을 닮으라' 했습니다. '상선약수(上善若水)', 최고의 선은 물과 같다고 노자는 말했습니다. 인위적인 것이 아닌 무위(無爲)의 삶을 강조한 것입니다. 숲이 되고 물이 되는 자연스러운 삶의 방식. 물은 만물을 이롭게 하면서도 다투지 않으니, 세상의 으뜸가는 선이라 했습니다. 이것이 바로 인간이 추구해야 할 순수의 세계입니다. 하지만 요즘 세상은 어떻습니까. 물이 되어야 할 이들이 오히려 세상의 맛에 물들어 편을 가르고 물욕으로 대중을 현혹합니다. 공자는 '지자요수(知者樂水)', 지혜로운 자는 물을 좋아한다고 했습니다. 물을 닮으십시오. 물처럼 사십시오. 그리고 물처럼 자유롭게 흘러가십시오. 홀로 걷는 삶의 길에서 무엇을 후회하고 무엇을 기다리십니까. 그저 물이 되어 흘러가는 것, 그것이 진정한 삶의 길이자 나를 찾아가는 순례의 길입니다.

거센 파도와 대지를 넘나드는 태풍. 벼락과 거친 바람, 강한 빗줄기는 그를 보좌하는 호위무사입니다. 가히 대자연이 휘두르는 수소폭탄이라 할 만합니다. 태풍이 온다는 소식에 사람들의 마음은 저마다 분주해지고, 빗방울은 간간이 창문을 들썩거립니다. 일기예보에 귀를 쫑긋 세운 채 하루를 보냅니다. 그런데 어느 정적의 순간, 세상이 고요해집니다. 기압 차에 의해 태풍의 진로가 이웃 나라로 급선회했다는 소식이 들려옵니다. 다가올 재해에 한시름 놓은 사람들은 이구동성으로 예보가 호들갑스러웠다고 말하곤 합니다.

하지만 대자연의 파괴력은 누구도 예측할 수 없습니다. 그러기에 재해에 대한 경고는 아무리 강조해도 지나치지 않습니다. 정말 나쁜 것은 자연의 경고가 아니라, 허황된 말 한마디로 사회의 혼란과 분열을 조장하는 인간의 혀입니다. '세치 혀'가 가져오는 피해는 때로 태풍보다 더 무섭습니다. 자연은 늘 전조 증상을 통해 경고의 신호를 보내지만, 인간은 즉흥적인 말 한마디로 세상을 요동치게 합니다. 자연이 남긴 상처는 시간이 흐르면 아물지만, 사람이 만든 혼란을 수습하는데는 훨씬 긴 시간이 필요합니다. 요란한 빈 수레가 지나간 뒤에 찾아오는 고요함은 마치 안개 자욱한 새벽 숲의 정경처럼 허망하기만 합니다.

바이올린이 기지개를 켜고 클라리넷이 서주를 이끕니다. 라흐마니노프의 '교향곡 제2번' 중 제3악장입니다. 뭉게구름 속을 사뿐사뿐 걷는 듯한 느린 걸음입니다. 가시창살 같은 긴장에서 빠져나온 해방감이랄까요, 마음을 풀어놓는 느슨함이 느껴집니다. 텅 빈 공간의 고요함 속으로 빨려 들어가는 듯, 미세한 떨림만이 인기척처럼 흐릅니다. 반복되는 주 선율은 우리를 더 깊은 미궁 속으로 안내합니다. 생각이 깊어지면 말이 없어지고, 물이 깊으면 소리가 나지 않는 법입니다. 낭만주의 거장답게 플루트, 바순, 클라리넷, 오보에 등 목관악기의 선율이 은은하게 주위를 감싸고돕니다. 아련함이 깊어지는 삶의 여정들을 떠올려 봅니다. 후회 없는 삶은 없습니다. 밤하늘의 별을 바라보지만, 그 광활한 공간을 다 채울 수 없어 우리는 그저 그 안에서 허우적거릴 뿐입니다. 어느 시인의 말처럼 시계는 살 수 있어도 시간은 살 수 없습니다. 아련함이 깊다는 것은 그만큼 삶이 충만했다는 반증이기도 합니다. '더 할 수 있었는데, 더 채울 수 있었는데, 더 사랑할 수 있었는데' 하는 미련은 곧 오늘 하루 최선을 다했다는 마음의 흔적입니다. 넋을 빼앗는 선율이 계속 흐릅니다. 러시아의 광활한 대지를 떠올리게 하는 라흐마니노프의 음성은 시종일관 침묵의 깊이를 선사합니다. 무릉도원의 선지자처럼, 그는 세상의 모든 아우성을 겸허히 품속으로 이끌어갑니다.

숱한 언어들이 세상을 헤집어 놓습니다. 오늘날 우리는 '언어의 홍수' 속어 살고 있습니다. 사람들은 얄팍한 말에 폭풍처럼 휩쓸려갑니다. 선동하는 이들은 넘쳐 나지만 책임감과 겸손함은 찾아보기 힘든 시대입니다. 학의(學義), 즉 배우 서 올바른 도리를 행하는 일이 그 어느 때보다 절실합니다. 뉴욕 필하모닉으 지휘자 레너드 번스타인은 말했습니다. "하루를 연습하지 않으면 내가 알고, 이틀을 연습하지 않으면 아내가 알고, 사흘을 연습하지 않으면 청중이 안다"고 말합니다. 하지만 오늘날 지식인의 도리는 짧은 욕망과 쾌락 앞에 무너지곤 합니다.
조선 중기의 문신 미수 허목(許穆)은 말했습니다.

"경계하라! 많은 말을 하지 말고, 많은 일을 벌이지 말라. 말이 많으면 실피가 많고, 일이 많으면 해가 많아진다. 戒之哉! 毋多言 毋多事 多言多敗 多事多害"
라흐마니노프의 선율이 끝난 자리, 깊은 침묵만이 남습니다.

많은 말을 하지 말고,
많은 일을 벌이지 마십시오

라흐마니노프Rachmaninoff,
'교향곡 제2번' 제3악장 아다지오Adagio

戒之哉!

보리암

자연의 변화에 따라
사람의 마음도 변하는 것이니
두려울 것이 없습니다

하이든Haydn,
'첼로 협주곡 제2번 D장조' 제2악장 아다지오Adagio

사방에서 소리들이 들려옵니다. 밤낮으로 울어대도 전혀 시끄럽지 않습니다. 아침이면 상큼하게 다가오고, 저녁 잠자리에서는 감미로움마저 전해줍니다. 가을의 전령인 귀뚜라미 소리입니다. 아름다운 사랑을 찾는 구애의 숨결들이지요. 가을은 바람 소리도 제법 거칠어집니다. 낙엽들이 부딪치는 소리는 스산한 느낌으로 다가오기도 합니다.

가을 소리는 사람들을 조바심 나게 합니다. 왠지 모를 급한 마음이 들게 하지요. 북송(北宋)의 문인이었던 구양수(歐陽修)의 명문, 〈추성부(秋聲賦)〉가 떠오릅니다. 선생이 밤중에 책을 읽다가 서남쪽에서 들려오는 이상한 소리에 귀를 기울이며 동자에게 밖의 형편을 물었습니다. 동자가 대답하기를, "별과 달은 밝고 깨끗하며 은하수가 하늘에 걸려 있는데, 사방에 사람 소리는 없고 소리는 나무 사이에서 납니다"라고 하였습니다.

이에 선생은 탄식하며 말합니다. "아아, 슬프도다! 이것은 가을의 소리로구나. 어찌하여 왔는가?" 선생은 하늘이 만물을 봄에는 길러주고 가을에는 결실을 보게 하는 이치를 설명합니다. 가을의 소리인 '상성(商聲)'은 상심(傷心)하는 것이니 만물이 늙어 슬프고 상심함을 뜻하고, '이칙(夷則)'은 죽이는 것이니 만물이 성한 때를 지나면 꺾임을 당하는 자연의 엄숙한 법도를 말합니다. 이처럼 가을 소리를 듣는다는 것은 자연의 이치와 함께 자신의 삶을 반추(反芻)하는 일입니다. 청아한 가을 아침, 하이든의 마음 소리가 아침 공기와 함께 폐부를 두드립니다. 현악기와 오보에가 정갈하게 자리를 깔아주면, 매끄럽고 우아한 선율의 첼로 소리가 바람을 타고 날아오릅니다. 모차르트에게서 영감을 받아 지은 것으로 알려진 하이든의 '첼로 협주곡 제2번' 제2악장 아다지오입니다. 선율이 흐를수록 듣의 높낮이가 유려하게 변해갑니다. 밀려오는 바닷물의 미세한 파동처럼 서정미 넘치는 이 곡은 조용하고 명상적입니다. 때로는 첼로 독주 자체가 깊은 고요와 편안함을 가져다주기도 합니다. 무엇보다 느린 악장 속에서 피어나는 싱그러움고 달콤함은 선율의 대가였던 하이든의 면모를 여실히 확인시켜 줍니다. 숱한 이름 모를 벌레들의 아우성과 재잘거리는 참새들, 이 모두가 가을의 소리입니다. 시간은 흐르고 소리는 변화무쌍한 흐름으로 이어지겠지요. 어쩌면 모든 것은 기억의 저편으로 사라져 갈지도 모릅니다.

살바도르 달리의 그림 〈기억의 지속〉을 떠올려 봅니다. 황량하기 그지없는 해안가 절벽과 축 늘어진 시계들이 인상적인 작품입니다. 죽은 나뭇가지에 걸려 있는 시계, 고래 같은 동물의 잔해 위에 너부러진 시계, 탁자 위에 녹아내리는 시계들. 그 흐물흐물한 시계들은 고정된 시간이란 존재하지 않음을 말해주는 듯합니다. 어떤 기억은 지워지고 어떤 기억은 영원히 남는 것, 그것이 인생의 시간입니다. 구양수는 가을 소리를 통해 말합니다. 삶이란 자연의 변화에 따라 마음도 변해가는 것이니, 그 변화를 두려워할 필요가 없다고 말입니다. 〈추성부〉의 마지막 대목에서 동자는 대답도 없이 머리를 떨어뜨리고 조는데, **사방 벽에서 벌레 소리만 '찌륵찌륵' 들려와 나의 탄식을 돕는 듯하다는 묘사가 가슴에 남습니다. 깊어가는 가을, 소리에 귀를 기울이며 마음을 비워봅니다.**

역사는 아무리 더러운
역사라도 좋습니다

리스트Liszt, '위안Consolations' 제3번

머지않은 과거의 일입니다. 지금도 생각하면 마음이 아찔해집니다. 어둠이 내리기 전, 식당 앞에서 친구를 기다리던 중이었습니다. 무심코 하늘을 바라보다가 마주친 광경은 나뭇가지가 말라 죽어가는 소나무 한 그루였습니다. 호기심에 이끌려 식당 옆 언덕으로 발걸음을 옮겼습니다. 그곳에는 참으로 잔인한 광경이 펼쳐져 있었습니다.

수령이 70여 년은 됨직한 고목이 3미터 정도 되는 언덕 위에 자리 잡고 있었는데, 소나무의 몸통이 마치 반으로 잘려 나간 듯한 형세였습니다. 누군가 언덕의 흙을 파내어 소나무의 뿌리가 고스란히 드러나게 한 것이었습니다. 아마도 약재나 다른 용도로 뿌리가 필요했던 사람의 소행인 듯했습니다. 그러나 저를 더욱 놀라게 한 것은 흙 속에 깊이 박혀 있어야 할 거대한 뿌리의 경이로운 생명력이었습니다. 금방이라도 쓰러질 것 같은 소나무를 온 힘을 다해 지탱하고 있는 뿌리. 그것은 마치 살아 꿈틀거리는 혈관의 움직임 같았고, 웅장한 대지의 맥박 같았습니다. 수십 년의 세월을 견뎌온 그 뿌리는 예술의 극치를 보여주고 있었습니다. 거친 뿌리를 가만히 어루만져 보았습니다. 삶이란 바로 이런 것이 아닐까 생각했습니다.

피아노 건반을 부드럽게 어루만지는 손길이 느껴집니다. 투명한 물결이 느릿하게 밀려오듯 부드럽고 잔잔한 선율이 마음을 가라앉힙니다. 평소 화려하고 반항적인 이미지로 기억되던 프란츠 리스트(Franz Liszt)의 또 다른 진면목을 마주합니다. 리스트의 피아노곡집 〈6개의 위안〉 중 제3번입니다. 이 곡은 생뵈브의 시집 『조제프 들로름의 시와 사상』에서 영감을 얻어 작곡되었다고 전해집니다.

이 곡의 부제는 '고독 속의 신의 축복'입니다. 사랑하는 여인 카롤린의 이혼이 무산되고 그녀가 병으로 고통받을 때, 리스트가 그녀를 의로하기 위해 쓴 곡이라고도 하지요. 화려함 대신 고요한 정적 속에 다가오는 따스한 그림자 같은 극입니다. 한 음절 한 음절이 애틋하고 소중하며, 그 고요함 속에 묵묵히 써 너려간 고독한 영혼이 숨겨져 있습니다. 인간의 내면에서 울려 퍼지는 조용한 호소력이자, 정화된 사랑으로 승화한 아름다운 선율입니다. 그저 가만히 듣는 것만으로도 충분한 위로가 됩니다. 때로는 트럼펫 연주로 감상하는 것 또한 일품인데, 고요한 침묵 속에 긴 여운이 흐르는 것을 느낄 수 있습니다.

언덕 위에 드러난 소나무의 거대한 뿌리, 제 팔보다 굵은 그 힘줄은 캄으로 거칠었습니다. 척박한 대지에서 자신을 지키려 애쓴 세월의 흔적이자, 겉으로 드러내지 않았던 내면의 시간이었습니다. 그것은 세상사의 희로애락(喜怒哀樂)이 응축된 뇌혈관이나 다름없었습니다.

이제는 시간이 얼마 남지 않았음을 말해주는 마른 뿌리 끝자락을 만져보았습니다. 말라버린 그 시작의 근원은 이제 원초적인 회귀만을 기다리고 있는 듯해 안쓰러운 마음이 앞섰습니다. 이 거대한 뿌리를 보며 강인한 역사와 전통을 노래했던 시인 김수영을 떠올렸습니다.

"역사는 아무리 더러운 역사라도 좋다.
진창은 아무리 더러운 진창이라도 좋다.
나중에 땅 밑에 묻히는 거대한 뿌리에 비하면……"
추억이 있는 한 인간은 영원하고 사랑 또한 그러합니다. 대지에 깊숙이 뿌리박은 거대한 존재에 비하면 우리의 삶은 얼마나 나약한 것인가요. 그날 그 순간 제가 마주한 소나무는 삶을 지탱하는 거대한 뿌리 그 자체였습니다. 뿌리 끝자락 주변으로 여기저기 떨어진 솔방울들이 새로운 생명의 약속처럼 흩어져 있었습니다.

Consolations

빗방울이 떨어집니다. 추위를 앞당기는 늦가을 비입니다. 갈대밭을 거니는 사람들 사이로 웃음소리가 끊이지 않습니다. 갈대들이 바람을 타고 하얀 머리카락을 휘젓습니다. 백발의 숲이 파도처럼 이리저리 넘실거립니다. 마치 망망대해 위의 조각배처럼 흔들리고 또 흔들립니다. 인간의 삶은 참으로 갈대를 닮았습니다. 우리 마음은 시시각각 손바닥 뒤집듯 변하며 수시로 흔들리기 때문입니다. 갈대는 인간 내면에서 우러나오는 정신적, 육체적 갈등의 산물과도 같습니다. 하지만 갈대는 그저 햇살이 비치면 고개를 들고, 비가 오면 머리를 숙이며, 바람이 불면 흔들렸을 뿐입니다. 사시사철 자연의 순리에 따라 그저 바람에 자신을 맡겼을 뿐입니다. 가브리엘 포레의 '파반느'가 흐릅니다. 바람에 몸을 맡기는 갈대처럼 자연스럽게 내 몸도 리듬을 탑니다. 섬세한 발걸음이 다가오는 듯합니다. '파반느'는 본래 장엄하고 위엄 있는 분위기의 궁정 무곡을 뜻합니다. 궁정 양식에서 비롯된 이 선율은 차분한 마음과 무언의 흐름을 전해줍니다.

관현악의 배경 속에서 흘러나오는 아름다운 플루트 소리가 큰 매력으로 다가옵니다. 독특한 2박자 선율이 플루트의 우아한 슬픔과 고결한 품격으로 살아나는 것 같습니다. 원래는 피아노곡이었으나 오늘날에는 관현악이나 합창을 곁들인 형태로도 많이 연주됩니다. 조용하고 소박한 울림, 그 섬세한 아름다움이 잔잔하게 울려 퍼집니다. 플루트가 마지막 기지개를 켭니다. 잔잔한 호수의 물결이 고요히 일렁이다 어디론가 사라져 가듯 여운을 남깁니다. 사람에게 가장 따뜻한 소리는 자연의 소리입니다. 그 소리는 우리를 청초함과 순수의 세계로 이끕니다. 잠시나마 모든 것을 내려놓을 수 있는 휴식과 여유를 선물합니다. 이는 모든 생태계의 울림이기도 합니다. 아침과 낮, 그리고 밤. 그 소리의 결에 따라 생태계는 자연스럽게 흘러갑니다.

사람에게 가장 따뜻한
소리는 자연의 소리입니다

가브리엘 포레Gabriel Fauré,
파반느Pavane Op. 50

나라마다 고유의 언어가 있습니다. 언어는 소리입니다. 배우지 않으면 도무지 알
아들을 수 없고 이해할 수 없는 소통의 벽이기도 합니다. 때로는 시시각각 번뇌와
갈등을 유발하는 번잡스러운 소리의 날갯짓이 되기도 합니다. 이런 모든 갈등을
잠재우는 소리, 세상의 공통 언어는 바로 '선율'입니다. 오선지 위에 그려지는 리
듬의 곡선, 그 감미로움과 애절함이 음악이 되어 만물에게 다가갑니다.
바람이 붑니다. 바람은 소문 없이 흘러가고 굳이 구구절절 이야기하지 않습니다.
갈대가 그저 바람에 몸을 맡기듯 우리도 그 흐름을 느낄 뿐입니다. 그것이 세상
의 몸짓이고, 세상의 언어이며, 세상의 소리입니다. 계절이 흘러가는 대로 그렇
게 말입니다.

Pavane

겨울
Winter

**아무도 없는 숲속, 시공을 초월한
순수의 언어가 찻잔 속에 녹아듭니다.**

겨울
Winter

숲속의 새들이 일찍 잠든 초저녁의 겨울밤입니다. 온 천지가 꼼짝도 하지 않습니다. 눈이 왔기 때문입니다. 단지 소쩍새만 구슬픈 메아리를 울리고 있는 이 밤, 친구는 손님을 위해 아궁이에 장작불을 지피어 구들장을 데워 놓았습니다. 따뜻합니다. 다구가 나오고 차를 우려내기 시작합니다. 추운 겨울, 마음을 따뜻하게 해주는 것은 한 잔의 차와 그 위로 피어오르는 옛이야기들입니다. 이것은 은은하게 제 몸을 늦은 밤까지 사르는 아궁이의 숯불과 같습니다. 친구 부부가 안방으로 건너가고 홀로 남은 방, 불을 끄고 자리에 눕습니다. 후끈한 친구의 정이 그대로 느껴집니다. 방문을 살짝 열어 놓으니 사방이 어두운 겨울밤, 별이 소낙비처럼 쏟아집니다. 이 고요한 어둠 속에서 생상스의 '삼손과 데릴라' 중 '그대 음성에 내 마음 열리고'를 듣습니다. 자신의 마음이 닫혀있으면 세상도 닫혀있습니다. 그러면 사람도 세상도 불행해집니다. 마음을 여는 것은 멀리 있지 않습니다. 추운 겨울 따뜻한 차 한 잔 속에, 친구를 위해 덥혀놓은 뜨끈한 구들장 속에 있습니다. 모과차나 유자차의 달콤한 향기가 공간을 채우면, 경직되었던 마음이 부드럽게 풀리며 세상과 사람을 향해 닫혀있던 문이 활짝 열립니다.

새로운 날이 밝아오면 차가운 바람이 얼굴을 할큅니다. 변덕스러운 겨울의 이미지들이 하루하루 넘쳐납니다. 찬 기운이 온몸을 덮치다가도 따뜻한 햇살이 얼굴을 마사지할 때면 그지없이 마음이 누그러집니다. 한겨울 시베리아 벌판 같은 세상, 거센 바닷바람이 부는 날에는 쇼스타코비치의 '로망스'나 하인리히 베어만의 '클라리넷과 현을 위한 아다지오'를 듣습니다. 애수에 잠긴, 하늘 같은 대지의 바다 앞에서 한 사회주의자의 고요한 외침을 듣습니다. 이때는 떫은맛 없이 성질이 따뜻한 발효차, 황차나 보이숙차가 제격입니다. 붉고 진한 차 한 잔은 얼어붙은 몸을 녹이고, 서정적인 선율은 지친 마음을 어루만져 줍니다. 차가운 겨울바람 속에서도 내면의 중심을 잡게 하는 묵직한 위로가 되어줍니다.

사람들의 발길이 닿지 않는 월요일의 설산(雪山)을 찾습니다. 폭설이 지나간 자리, 눈이 스스로 세팅한 화려한 무대만이 빛을 발하고 있습니다. 형형색색의 화려함보다는 흰 물결, 잔잔함이 산의 웅장함을 돋보이게 합니다. 가끔씩 홀로 찾는 이 거대한 공간은 그 누구의 간섭도 없는 비밀의 화원입니다. 숲이 뿜어내는 향기에 기분이 좋아집니다. 발걸음을 멈추고 앉아 보온병에 담아온 훈훈한 차를 마십니다. 눈 숲에 햇살이 비치고 세상이 숨죽인 풍광 속에서 쇼팽의 '피아느 협주곡 1번 2악장'을 듣습니다. 순수의 세계, 순수의 시대입니다. 설산의 차가운 공기와 대비되는 따뜻한 찻물은 미각을 넘어 온몸으로 퍼지는 전율을 선사합니다. 아무도 없는 숲속, 시공을 초월한 순수의 언어가 찻잔 속에 녹다듭니다. 다시 밤기 찾아오고 촛불만 남겨진 어두운 방안에 앉습니다. 촛불을 응시하며 초점을 맞춥니다. 저 불 속에 내가 살아가고 춤을 춥니다. 어둠 속 나를 찾아 떠나는 여행입니다. 김소희 명창의 '구음'이나 장 바티스트 바리에르의 '소나타 4번'을 듣습니다. 인간의 가장 원초적인 목소리인 구음이나 두 대의 첼로가 나누는 대화는 깊은 묵상으로 이끕니다. 이때는 화려한 향보다는 깊고 쌉싸름한 맛이 정신을 번쩍 들게 하는 말차나 진하게 우린 잎차가 어울립니다. 촛불에 비친 찻물과 소리의 울림 속에서 진정한 '나'를 만나는 정화(淨化)의 시간을 갖습니다. 어둠은 소리를 크게, 맑게 들려줍니다. 두려움을 가진 본능적인 인간으로, 어딘가를 찾는 출구적인 인간으로 일깨웁니다. 하지만 무엇보다 어둠은 마음을 다스리는 시간입니다.

보슬비가 사뿐사뿐 두 눈동자를 적시는 늦은 오후, 갈루피의 '피아노 소나타 5번'이나 코른골드의 '바이올린 협주곡 2악장'을 듣습니다. 아장아장 걷는 해맑은 어린아이의 얼굴 같은 단순하고 꾸밈없는 선율이 혀를 적시고 영혼을 보듬습니다. 뼈만 남은 겨울 나무처럼 단조롭지만, 그 안에 봄을 품고 있는 시간입니다. 톡잡한 생각은 내려놓고 인위적인 가공을 최소화한 백차를 마십니다. 자극적이지 않은 백차의 은은한 단맛이 우아하게 오후를 채워줍니다.

겨울은 만물이 침묵하는 계절입니다. 그러나 그 침묵은 죽음이 아니라 나면을 깊숙이 성숙시키는 시간입니다. 느리게 묵묵히 홀로 봄의 길을 찾아가는 뿌리의 시간입니다. 토케리니의 '첼로 협주곡 9번'이 흐르면 저음의 울림 속에서 저절로 아름다워지는 그윽한 사람을 떠올립니다. 모든 것을 내어주는 늙은 소나무처럼 아주 느리게 걸어가는 첼로의 숨결처럼 담대하게 겨울을 납니다. 겨울은 나를 찾아 떠나는 여행의 계절입니다. 삭막한 바람 속에서도 흔들리지 않는 뿌리처럼, 따뜻한 차 한 잔과 깊은 음악으로 당신의 내면을 단단하게 채우시길 바랍니다.

차와 음악의 페어링
Tea and Music
Pairing

...

눈보라 치는 날, 시린 영혼을 감싸는 '따뜻한 발효차'

Music_ 쇼스타코비치 〈로망스 (영화 '등에' 중)〉. 하인리히 베어만 〈클라리넷과 현을
위한 아다지오〉

**"한 겨울 시베리아 벌판 같은 세상, 거센 바닷바람이 얼굴을 할큅니다. 하지만 찻잔 속
에 담긴 온기는 얼어붙은 몸을 녹이고, 서정적인 선율은 지친 마음을 어루만집니다."**

TEA_ 따뜻한 발효차 (황차 또는 보이숙차). 떫은맛이 없고 성질이 따뜻하여, 추위에
긴장된 몸을 이완시키고 체온을 높여줍니다.

Pairing Guide_ 쇼스타코비치의 애절한 바이올린 선율이나 베어만의 평화로운 클라
리넷 연주를 들으며 붉고 진한 발효차를 마셔보세요. 차가운 겨울바람
속에서도 내면의 중심을 잡게 하는 묵직한 위로가 되어줄 것입니다.

...

눈 덮인 산, 순백의 세상에서 마시는 '보온병 속의 차'

Music_ 쇼팽 – 〈피아노 협주곡 1번 2악장 (로망스)〉

**"사람들의 발길이 닿지 않는 월요일의 설산. 눈부시게 아름다운 순수의 세계에서
홀로 마시는 차 한 잔은 경이로움 그 자체입니다."**

TEA _ 보온병에 담아온 훈훈한 차 (맑은 녹차 또는 대만 오룡차). 설산의 차가운 공기
와 대비되는 따뜻한 찻물은 미각을 넘어 온몸으로 퍼지는 전율을 선사합니다.

Pairing Guide_ 아무도 없는 숲속, 눈 덮인 풍광을 바라보며 조성진이 연주하는 쇼팽
의 로망스를 들어보세요. 순수하고 섬세한 피아노 선율과 함께 보온
병 뚜껑에 따라 마시는 차 한 모금은 시공을 초월한 순수의 세계로 당
신을 안내합니다.

...

긴 겨울밤, 촛불 아래서 마시는 '침묵의 차'

Music _ 김소희 〈구음 (입타령)〉. 쟝 바티스트 바리에르 〈스나타 4번〉

"촛불만 남겨진 어두운 방, 자신의 내면을 응시하는 시간입니다. 인간의 가장 원초적인 목소리인 구음이나, 두 대의 첼로가 나누는 대화는 깊은 묵상으로 이끕니다."

TEA _ 말차 또는 진하게 우린 잎차. 화려한 향보다는 깊고 쌉싸름한 맛이 정신을 번쩍 들게 하며, 자신을 되돌아보는 성찰의 시간에 어울립니다.

Pairing Guide _ 방안의 불을 끄고 촛불 하나만 켜두세요. 김소희 명창의 절절한 구음이나 첼로의 저음을 들으며 차를 천천히 음미합니다. 촛불에 비친 찻물과 스리의 울림 속에서 진정한 '나'를 만나는 정화(淨化)의 시간을 가져보세요.

...

따뜻한 구들장, 마음을 여는 '우정의 차'

Music _ 생상스 〈삼슨과 데릴라 중 '그대 음성에 내 마음 열리고'〉

"친구를 위해 데워놓은 따뜻한 구들장, 그리고 훈훈한 옛이야기. 추운 겨울, 닫혀있던 마음을 열게 하는 것은 사랑의 목소리와 따뜻한 차 한 잔입니다."

TEA _ 모과차 또는 유자차. 굿하고 달콤한 향기가 공간을 채우며, 경직된 마음을 부드럽게 풀어줍니다.

Pairing Guide _ 눈 내리는 겨울밤, 따뜻한 방바닥에 누워 생상스의 오페라 아리아를 들어보세요. 달콤한 차 향기와 호소력 짙은 멜로디가 어우러져, 세상과 사람을 향해 닫혀있던 마음의 문을 활짝 열어줄 것입니다.

...

늦은 오후, 단순함의 미학을 즐기는 '순수의 차'

Music _ 갈루피 〈피아노 소나타 5번〉. 른골드 〈바이올린 협주곡 2악장 (토망스)〉

"보슬비가 내리는 늦은 오후, 단순하고 꾸밈없는 선율이 혀를 적시고 영혼을 보듬습니다. 뼈만 남은 겨울 나무처럼 단조롭지만, 그 안에 봄을 품고 있는 시간입니다."

TEA _ 백차 (화려하지 않으나 깊은 맛이 있는 차). 인위적인 가공을 최소화하여 자연 그대로의 맛을 지니고 있으며, 갈루피의 음악처럼 순수하고 담백합ㄴ다.

Pairing Guide _ 복잡한 생각은 내려놓고 단순한 피아노 선율에 귀를 기울이세요. 자극적이지 않은 백차의 은은한 단맛이 코른골드의 로망스처럼 우아하거 당신의 오후를 채워줄 것입니다.

"겨울은 나를 찾아 떠나는 여행의 계절입니다. 삭막한 바람 속에서도 흔들리지 않는 뿌리처럼, 따뜻한 차 한 잔과 깊은 음악으로 당신의 내면을 단단하게 채우시길 바랍니다."

삶은 갈대를 닮았습니다

스비리도프Sviridov의 '로망스'

삶은 갈대를 닮았습니다. 희로애락은 언제나 쌍곡선을 그리며 찾아옵니다.
그 깊은 속내를 잘 담아낸 것이 바로 신경림 시인의 「갈대」라는 시입니다.
언제부턴가 갈대는 속으로 조용히 울고 있었다. 그런 어느 밤이었을 것이다.
갈대는 그의 온몸이 흔들리고 있는 것을 알았다. 바람도 달빛도 아닌 것 갈대는 저
를 흔드는 것이 제 조용한 울음인 것을 까맣게 몰랐다. 산다는 것은
속으로 이렇게 조용히 울고 있는 것이란 것을 그는 몰랐다.

눈밭 아래 잠든 하얀 갈대숲. 갈대를 찾는 친구인 양 새 발자국들이 총총히 새겨
져 있습니다. 시골 제방 길을 걷는 이 순간, 신경림 시인의 갈대가 불현듯 떠오릅
니다. 눈이 내린 뒤의 고요한 정적. 거센 바람과 눈보라에 몸부림쳤을 갈대들이 강
물에 뿌리를 내린 채 조용히 세월의 무게를 견뎌내고 있습니다. 나를 둘러싼 모든
것이 숙명이며, 즐거운 기다림이자, 나를 찾는 세상의 무대라고 속삭이는 듯합니
다. 하늘과 흙, 바람과 별, 그리고 해와 달과 물의 신에게 감사의 기도를 올립니다.
별들 사이로 어두운 밤의 신이 어슴푸레 찾아들기 시작합니다. 유튜브를 통해 원
하는 곡을 언제 어디서나 들을 수 있는 시대는 참으로 고마운 일입니다. 잔잔한
대지의 호흡, 갈대밭 설원 위로 아련한 그림자가 드리웁니다. 추운 밤공기가 따스
한 숨결로 피어오르고, 애수에 젖은 선율이 참으로 아름답게 나를 들뜨게 합니다.
이 한겨울 눈보라 사이로 스비리도프(Georgy Vasilyevich Sviridov,
1915~1998)의 '로망스'가 울려 퍼집니다. 러시아의 대표적인 현대 작곡가인
그는 쇼스타코비치의 제자로, 러시아 전통 민요와 지역적 특색을 살린 민속적이
고 서민적인 정서의 곡들을 많이 남겼습니다. 조국과 예술에 대한 사랑을 음악에
고스란히 투영한 것입니다.
시베리아 초원의 산들바람처럼 사뿐사뿐한 리듬이 여린 그의 심성을 닮았습니다.
그 훈풍은 애절한 여인의 인생이 되어, 봄날의 나비처럼 눈보라에 흔들리고 갈대
처럼 고개를 숙입니다. 모든 것이 삶의 숙명이라 말하는 듯, 한겨울에 듣는 이 곡
은 역설적으로 봄날의 보리피리를 떠올리게 합니다. 슬픔을 뛰어넘는 그 정서는

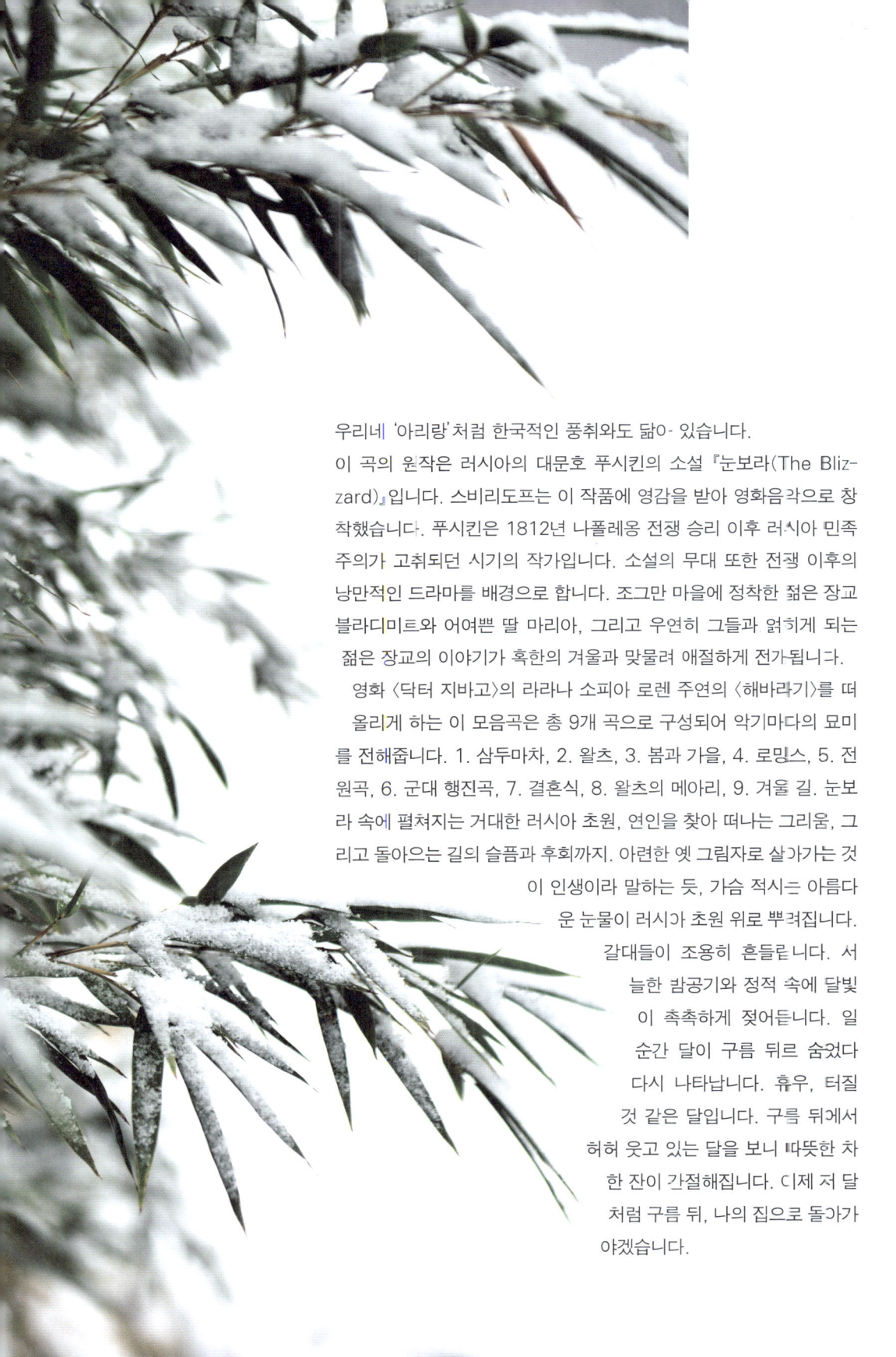

우리네 '아리랑'처럼 한국적인 풍취와도 닮아 있습니다.

이 곡의 원작은 러시아의 대문호 푸시킨의 소설 『눈보라(The Bliz-zard)』입니다. 스비리도프는 이 작품에 영감을 받아 영화음악으로 창작했습니다. 푸시킨은 1812년 나폴레옹 전쟁 승리 이후 러시아 민족주의가 고취되던 시기의 작가입니다. 소설의 무대 또한 전쟁 이후의 낭만적인 드라마를 배경으로 합니다. 조그만 마을에 정착한 젊은 장교 블라디미트와 어여쁜 딸 마리아, 그리고 우연히 그들과 얽히게 되는 젊은 장교의 이야기가 혹한의 겨울과 맞물려 애절하게 전가됩니다.

영화 〈닥터 지바고〉의 라라나 소피아 로렌 주연의 〈해바라기〉를 떠올리게 하는 이 모음곡은 총 9개 곡으로 구성되어 악기마다의 묘미를 전해줍니다. 1. 삼두마차, 2. 왈츠, 3. 봄과 가을, 4. 로망스, 5. 전원곡, 6. 군대 행진곡, 7. 결혼식, 8. 왈츠의 메아리, 9. 겨울 길. 눈보라 속에 펼쳐지는 거대한 러시아 초원, 연인을 찾아 떠나는 그리움, 그리고 돌아오는 길의 슬픔과 후회까지. 아련한 옛 그림자로 살아가는 것이 인생이라 말하는 듯, 가슴 적시는 아름다운 눈물이 러시아 초원 위로 뿌려집니다.

갈대들이 조용히 흔들릅니다. 서늘한 밤공기와 정적 속에 달빛이 촉촉하게 젖어듭니다. 일순간 달이 구름 뒤르 숨었다 다시 나타납니다. 휴우, 터질 것 같은 달입니다. 구름 뒤에서 허허 웃고 있는 달을 보니 따뜻한 차 한 잔이 간절해집니다. 이제 저 달처럼 구름 뒤, 나의 집으로 돌가가야겠습니다.

자신의 마음이 닫혀 있으면
세상도 닫혀 있습니다

생상Saint-Saëns,
오페라 〈삼손과 데릴라〉 중 '그대 목소리에 내 마음 열리고'

숲속의 새들이 일찍 잠든 초저녁의 겨울밤입니다. 온 천지가 숨을 죽인 듯 고요합
니다. 소복이 눈이 내려앉았기 때문입니다. 적막 속에 오직 소쩍새만이 구슬픈 메
아리를 울리고 있습니다. 친구는 멀리서 온 손님을 위해 아궁이에 장작불을 지펴
구들장을 미리 데워 놓았습니다. 방바닥이 기분 좋게 따끈합니다.
다구가 나오고 차를 우려내기 시작합니다. 추운 겨울, 얼어붙은 몸과 마음을 녹여
주는 것은 역시 따뜻한 차 한 잔입니다. 만남은 훈훈한 옛이야기로 이어집니다.
이 시간은 은은하게 제 몸을 태우며 밤늦도록 온기를 전하는 아궁이의 숯불과도
같습니다. 친구 부부가 안방으로 건너가고 홀로 남았습니다. 불을 끄고 자리에 누
우니 등이 후끈합니다. 친구의 정이 그대로 전해져 옵니다. 방문을 살짝 열어 두
었습니다. 사방이 캄캄한 겨울밤입니다. 어둠 속에서 가방을 열어 오래된 휴대용
CD 플레이어를 꺼냅니다. 요즘 같은 시대에는 어울리지 않는 낡은 장비이지만,
헤드폰을 귀에 걸고 버튼을 누르며 가만히 눈을 감습니다. 역시 겨울밤에는 가곡
이나 오페라가 제격입니다. 카미유 생상의 오페라 〈삼손과 데릴라〉가 흐릅니다.
삼손을 유혹하며 힘의 원천을 알려달라 애원하는 데릴라. 결국 삼손은 유혹을 이
기지 못하고 머리카락이 자신의 비밀임을 고백하고 맙니다. 그 승리의 순간, 데릴
라는 가장 감미로운 목소리로 노래합니다.

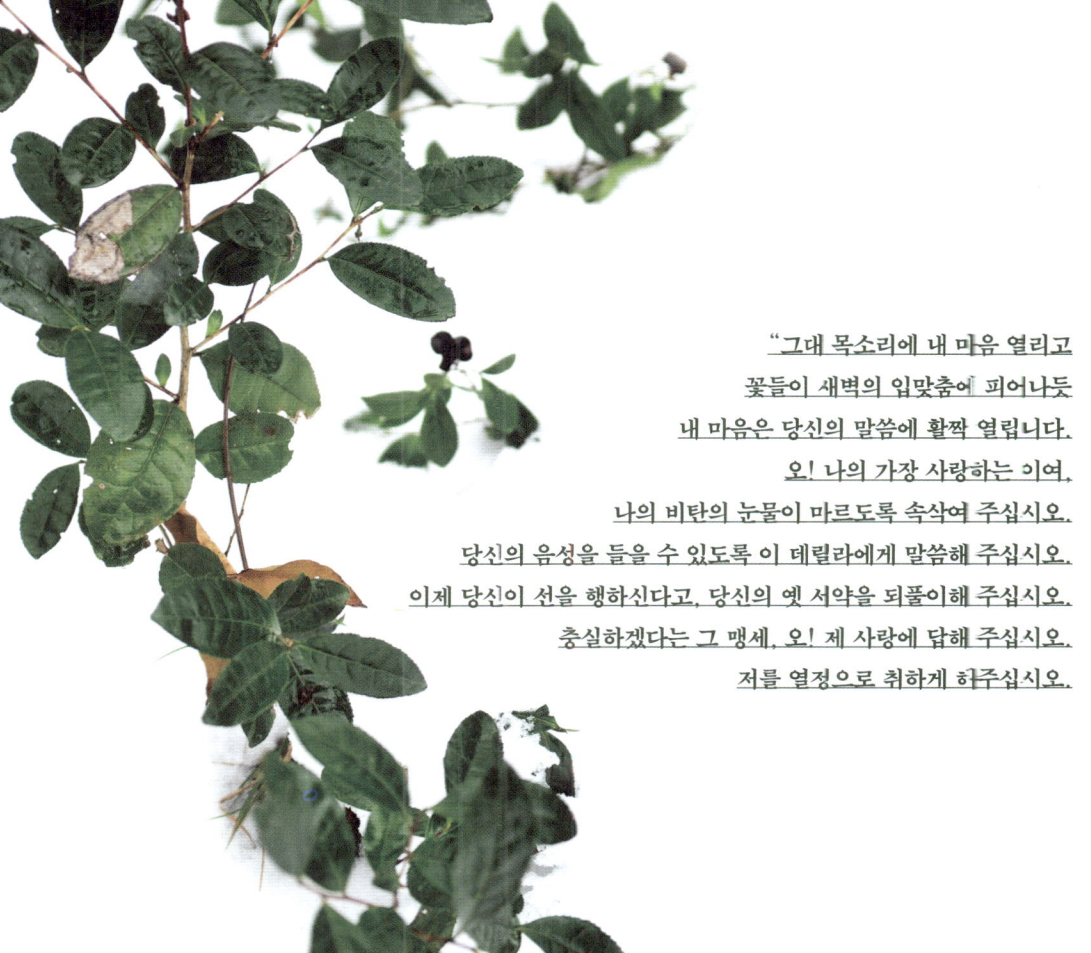

"그대 목소리에 내 마음 열리고
꽃들이 새벽의 입맞춤에 피어나듯
내 마음은 당신의 말씀에 활짝 열립니다.
오! 나의 가장 사랑하는 이여,
나의 비탄의 눈물이 마르도록 속삭여 주십시오.
당신의 음성을 들을 수 있도록 이 데릴라에게 말씀해 주십시오.
이제 당신이 선을 행하신다고, 당신의 옛 서약을 되풀이해 주십시오.
충실하겠다는 그 맹세, 오! 제 사랑에 답해 주십시오.
저를 열정으로 취하게 하주십시오.

부드러운 미풍에 밀 이삭이 흔들리듯
당신의 달콤한 음성을 들을 때면 내 가슴은 사랑 속에서 흔들립니다.
당신이 오실 때면 표적을 향해 달려가는 화살보다 더 빨리
저는 당신의 팔 안으로 늘아갑니다.
오! 제 사랑에 대답해 주십시오.
열정 속에 제가 츄하도록!"

자신의 마음이 닫혀 있으면 세상도 닫혀 있는 법입니다. 마음의 문이 굳게 잠기면 사람도 세상도 불행해집니다. 마음을 여는 열쇠는 결코 멀리 있지 않습니다. 추운 겨울 건네받은 따뜻한 차 한 잔 속에, 친구를 위해 정성껏 데워놓은 구들장 속에 이미 들어 있습니다. 살짝 열어놓은 방문 밖으로 별들이 소낙비처럼 쏟아져 내리는 밤입니다.

視不視 聽不聽

**최고의 소리는
따뜻한 인간의 목소리입니다
음악은 자연의 소리가 으뜸이며,
그 정점은 사람의 마음입니다**

시불시 청불청視不視 聽不聽.
'보아도 보이지 않고 들어도 들리지 않는다'는 이 말은, 아마도 쉽게
흔들리는 인간의 유동적인 마음을 경계하라는 뜻일 겁니다. 또 다른 의미를
부여하자면, 그만큼 인간은 신이 부여한 섬세하고 예민한 감각 기관을
지녔다는 뜻이기도 하겠지요. 특히 소리를 듣는 '귀'의 영역은
그 어떤 감각 기관보다 예민하게 반응합니다.
말하자면 우리 귀는 몸 안에 갖춰진 최첨단 오디오와 같습니다.
일반적인 오디오가 전류를 통해 코일을 감고 돌아 스피커 우퍼를 통해 기계음을
내보내듯, 우리 귀도 일련의 증폭 과정을 거쳐 소리를 뇌로 전달합니다.
오디오에서 소리가 출력되는 과정을 필름으로 찍어 거꾸로
돌린다고 상상하면 이해가 쉽습니다.

조금 더 깊이 들여다보면 귀는 외이(外耳), 중이(中耳), 내이(內耳) 세 부분으로 나뉩니다. 외이의 끝에는 고막이 있어 중이와 경계를 이룹니다. 중이 안쪽에는 달팽이관과 세반고리관이 있는 내이가 자리합니다. 귓바퀴에서 모인 소리가 고막에 전달되는 것이 첫 번째 과정이라면, 중이는 이 소리를 받아 고막과 이소골(耳小骨)이라는 작은 뼈를 통해 증폭하여 내이로 보냅니다. 내이는 배달된 소리를 다시 한번 정교하게 처리하여 청신경을 통해 뇌로 전달하는 역할을 수행합니다. 귀는 이처럼 섬세한 신경 조직으로 이루어진 오디오이기에, 더 좋은 소리를 향한 인간의 욕구는 끝이 보이지 않는 평행선과 같습니다.

소리에 가장 예민한 이들은 산속에서 자연과 벗하며 사는 사람들일 것입니다. 그들 외에 소리에 집착하는 이들이 있다면 아마 클래식 음악 애호가들일 테지요. 이들에게 소리는 때로 거대한 욕구불만의 세계로 인도하는 길잡이가 되기도 합니다. 더 좋은 오디오 시스템과 더 나은 스피커를 끊임없이 갈구하게 만들기 때문입니다. 그러다 보면 하나의 곡을 피아노, 바이올린, 첼로, 플루트 등 악기별로 섭렵하거나, 같은 곡이라도 연주자에 따라 달라지는 미묘한 음색의 차이에 빠져들고 맙니다. 급기야 수많은 연주자의 음반을 수집하며 '오 명사전'을 방불케 하는 목록을 만들기도 합니다. 이는 마치 미각의 달인인 다인(茶人)들이 더 좋은 물과 차를 찾아 헤매는 원동력과도 닮아 있습니다.

인간의 감각 중 가장 예민한 것이 청각과 미각이 아닐까 싶습니다. 음악이 우리에게 평온함을 주기도 하지만, 하이엔드 오디오를 쫓는 애호가들에게 소리는 곧 막대한 비용을 의미하기도 합니다. 더 좋은 명기를 찾다 보면 경제적 파탄에 이를 정도로 소리의 미로 속에 갇히기도 하지요.

그러나 수많은 클래식 애호가는 결국 이렇게 말합니다. 제아무리 값비싼 오디오와 스피커를 갖다 놓아도 '자연의 소리'가 단연 으뜸이며, 그중에서도 최고의 소리는 '따뜻한 인간의 목소리'라고 말입니다. 차(茶)는 따뜻합니다. 그 따스함 사이로 무언의 대화가 오갑니다. 사람과 사람 사이에 흐르는 정적인 마음의 소리가 있습니다. 무엇보다 중요한 것은 그 소리를 받아들일 수 있는 우리의 순수한 마음입니다. 찻잔을 사이에 두고 오가는 이야기 속에서 비로소 우리는 가장 아름답고 따뜻한 '인간의 마음 소리'를 듣게 되는 것입니다.

Adagio

너는 누군가를 위해
일해 본 적이 있느냐?

졸탄 코다이Zoltán Kodály,
바이올린과 피아노를 위한
아다지오Adagio

느지막한 석양의 눈빛이 창가를 적십니다. 하
루의 일상이 파노라마처럼 눈앞을 스쳐 지나갑
니다. 하루라는 시간, 그리고 하루라는 인생.
대자연의 유구한 역사에 비하면 한낱 미물의
찰나와 같습니다. 문득 스스로에게 묻습니다.
"너는 누군가를 위해 일해 본 적이 있느냐? 누
군가의 눈과 귀, 손과 발이 되어 본 적이 있느
냐? 타인의 진정한 즐거움이 되어주었느냐?"

얼마 남지 않은 하루 끝에서 간절한 바람을 담아봅니다. 우리는 그 하루 속에 살아가고, 또한 조금씩 죽어갑니다. 삶과 죽음은 늘 동행하듯 하루의 연속이기 때문입니다. 하루라는 나날 속에서 늘 생각하는 한 가지는 사지육신 온전하다는 것에 대한 감사함입니다. 그 마음으로 삶을 지탱하며, 나와는 다른 처지에 놓인 이들을 떠올립니다. 미안한 마음을 담아 그들을 위해 기도합니다. 물을 마시고, 한 잔의 차를 마시며 마음을 정화합니다. 매 순간, 무슨 일이든 최선을 다하는 하루의 공간. 결국 모든 것은 마음에서 비롯되는 것이 아니겠습니까.

관현악과 합창을 위한 미사곡인 '아베 마리아'를 작곡했던 졸탄 코다이. 그의 '바이올린과 피아노를 위한 아다지오'를 듣습니다. 눈을 감으면 서정적인 감성과 영상들이 눈앞에 펼쳐지는 듯합니다. 소박하고도 친근한 선율입니다. 농민과 서민을 사랑했던 헝가리 출신의 이 작곡가는 인간의 깊은 감수성을 예리하게 휘어잡습니다. 그 바탕에는 헝가리 집시풍과 민요풍의 애잔함이 자리하고 있습니다. 아름다운 선율이 자연스럽게 몸을 감싸 안으며 순수의 세계로 인도합니다. 마치 인간의 근원인 '마음' 그 자체를 이야기하고 있는 듯합니다. 본래 이 곡은 비올라와 피아노를 위한 작품이었으나, 오늘날에는 바이올린이나 첼로 버전으로도 널리 사랑받고 있습니다. 이 서정적인 선율은 인간 마음의 근원을 다시금 돌아보게 합니다. 쌍매당(雙梅堂) 이첨은 '관수유술(觀水有術), 필본기원(必本其源)'이라 했습니다. "물을 보는 데에는 방법이 있으니, 반드시 그 근원을 근본으로 삼아야 한다"는 뜻입니다. 이첨이 하동 유배 시절, 집 옆에 작은 샘이 하나 있었습니다. 마을 사람들은 수풀 속 더러운 흙에서 나오는 샘이라 여겨 마시지 않았습니다. 하지만 이첨이 자세히 살펴보니, 인근의 '냉정(冷井)'이라는 유명한 샘과 그 근원이 같았습니다. 맛 또한 아주 뛰어났습니다. 그가 샘 주변을 정리하고 벽돌을 쌓아 우물을 만들자, 그제야 마을 사람들이 샘물을 길어다 쓰기 시작했습니다.

이에 이첨은 탄식하며 말했습니다. "인재가 세상에 쓰이거나 버려지는 것도 이와 비슷하다. 오늘날 윗자리에 있는 이들은 외모와 언변으로만 사람을 취하고 그 마음의 곡직(曲直, 굽음과 곧음)을 근본으로 삼지 않으니, 이는 물이 흐르는 것만 알고 그 근원은 알지 못하는 것과 같다." 마음은 소리이자 물입니다. 그러므로 마음은 늘 닦아내야 하는 것입니다. 그것이 순수의 세계이자 인간의 근원입니다. 차(茶)의 근원 또한 결국 물에 있지 않을까요. 맑은 물에서 비로소 우러나오는 차의 생명력, 그것이 바로 우리 삶을 밝히는 아우라일 것입니다.

나는 무엇을 위해
이 세상을 살아가는가?

쇼스타코비치Shostakovich,
영화 〈기도The Gadfly〉 중 '로망스Romance'

새롭다는 것은 지금까지 존재한 적이 없다는 의미를 내포합니다. 어쩌면 '신선하다'는 뜻을 담은 '시작'의 또 다른 이름일지도 모릅니다. 그러나 시작은 홀로 존재하지 않습니다. 무언가 밑바탕이 되는 고뇌 속에서 일어나는 결과이자 동기입니다. 그 동기는 우리 안에 호기심을 불러일으키고 길을 나서게 합니다. 새로운 해, 당찬 포부를 안고 문을 엽니다. 한겨울 눈발 속에서 말입니다.

눈 내리는 겨울은 고난을 상징합니다. 험난한 여행의 마지막 고비와도 같습니다. 가파른 숨을 몰아쉬며 갈대밭을 지나 산등성이를 오르자, 차가운 바닷바람이 세차게 얼굴을 할큅니다. 눈앞에 펼쳐진 다도해, 눈 덮인 산야를 배경으로 잔잔한 선율이 귓가를 때립니다. 한 예술가의 고요한 외침, 쇼스타코비치입니다.

애수에 잠긴 채 대지를 품은 바다. 자욱한 안개 속에서 검푸른 물결은 숨죽인 듯 일렁이며 노래합니다. 이상과 이념, 그리고 가혹한 현실 사이에서 고뇌했던 위대한 예술가 쇼스타코비치. 그의 그림자가 밀물처럼 밀려왔다 이내 흘러갑니다. 애절함은 고이 간직해온 아름다운 선율로 피어납니다. 마치 한겨울 시베리아 벌판에 홀로 서 있는 늑대 한 마리의 자화상 같습니다.

"나는 무엇을 위해 이 세상을 살아가는가? 나는 누구인가?"

존재론적 의미를 담은 서사시가 담장을 넘어 비가(悲歌)로 울려 퍼집니다. 삶은 늘 그 자리에 있는 것이라고, 환경에 흔들리면서도 결국 내가 만들어가는 것이라고 음악은 말합니다. 굴복할 것인가, 홀로 설 것인가. 내 안의 모든 가치는 결국 내가 선택하는 것입니다. 한 걸음씩 내디딜 때마다 한(恨) 서린 소리가 들려옵니다.

꽃은 피어나고 또 저뭅니다. 자조적인 울음 속에 서린 처량함과 애절함은 후기 낭만주의 시대를 넘어서고 있습니다. 곡의 후반부에서 감정은 절정에 이릅니다. 함박눈이 내릴 때 으히려 공기가 포근하게 느껴지듯, 꿈을 꾸는 듯한 사릇의 밀로디가 황량한 소비에트 연방을 물들입니다. 비록 시대는 차가웠으나 내 조국과 내 삶, 별들이 반짝이는 나날들은 여전히 아름다운 것이라고 노래합니다.

쇼스타코비치의 '로망스'는 비애와 아름다움이 교차하는 곡입니다. 영국의 드라마 시리즈 〈에이스 오브 스파이Reilly, Ace of Spies〉에 삽입되어 큰 인기를 끌기도 했습니다. 본래 이 곡은 영화 〈기도(The Gadfly, 등에)〉의 배경 음악입니다. 합스부르크 통치하에 있던 이탈리아 혁명가의 고뇌를 다룬 이 영화를 통해, 쇼스타코비치는 감시와 억압 속에 살아야 했던 자신의 번민과 슬픔을 선율에 녹여냈습니다. 예술은 내 삶을 지키기 위한 저항의 길임을 보여주듯 말입니다.

이제 선율을 뒤로하고 눈을 감습니다. 눈앞의 영상들이 밀물처럼 빠져나갑니다. 차디찬 한겨울의 이야기가 눈보라 속에서 기지개를 켭니다. 따스한 발효차 한 잔을 머금습니다. 거센 이념의 풍랑 속에서 '반동'이라 비판받으면서도 쇼스타코비치가 그려내려 했던 세상은 결국 선율로 피어났습니다. 그것은 무언의 저항이었고, 자신을 지키는 유일한 길이었습니다. 따스한 차 한 잔이 오늘의 동반자가 되어줍니다. 나를 위해, 그리고 나를 뛰어넘기 위해 다시 길을 나섭니다. 아틋다운 선율이 흐르는 그곳, 그곳이 바로 내가 머물러야 할 나의 세계입니다.

낮의 시간이 짧아지는 계절입니다. 마음만 앞서는 반추(反芻)의 나날이자, 밤의 정서가 소용돌이치는 한 해의 언저리에 서 있습니다. 그리 긴 시간이었건만 조급함이 자꾸만 나를 불러 세웁니다. 팽나무를 쓰다듬으며 그 거친 살결을 보듬어 봅니다. 나무는 내게 모든 것을 내려놓으라 말하건만, 공부를 하고 또 마음을 닦아보아도 어느 순간 모든 노력이 수포로 돌아가고야 맙니다. 그저 나약한 인간일 뿐임을 깨닫고 치밀어 오르는 감정을 갈무리할 길 없어, 백 년 넘은 팽나무 아래 무릎을 꿇습니다.

두 손을 마주 잡고 기도합니다. 나는 그저 한 사람의 인간일 뿐이라고 머리를 숙입니다. 이윽고 고개를 젖히니 바람 소리가 들려옵니다. 이런저런 세상사의 온갖 이야기가 바람에 일렁이는 듯합니다. 들녘에 사람의 노래가 있듯, 이 숲속엔 바람의 노래가 있습니다.

느지막한 한 해의 길목에서 무언(無言)의 소리를 만납니다. 사람의 인기척 같기도 하고 바람의 입김 같기도 한, 소리와 소리의 울림이 만나 일으키는 파도의 너울입니다. 인간의 소리가 자연의 소리에 녹아들어 전해집니다. 입에서 입으로 전해지는 이 이야기는 때로 따스함으로, 때로 애절함으로 밤하늘을 수놓습니다.

들녘에 사람의 노래가 있듯,
이 숲속엔 바람의 노래가 있습니다

김소희 명창의 '구음口音'

口音

긴 밤과 긴 계절을 관통하는 이 서사시가 김소희 명창의 '구음'으로 꿈틀거리며 살아납니다. 한 올 한 올 실타래를 풀어내듯 살풀이 가락이 살랑거립니다. 얽히고설킨 인간의 삶이란 무엇인지, 이 모진 목숨을 부지하며 살아가는 의미가 무엇인지 묻는 듯합니다. 슬픈 감정을 억누르며 그저 웃으라고 말하는 자조적인 달빛이 아른거립니다. "우ㅡ우ㅡ, 아ㅡ아ㅡ." 여기저기 떠도는 삶은 결국 다 같은 것이라고, 한낱 겨린 숨구멍에 불과한 것이라고 울부짖습니다. 촛불만 남은 어두운 방 안, 그 소리를 쫓다 보니 숨이 차오릅니다. 길게 늘어지는 가락의 묘미이자, 인간의 한계를 시험하는 듯한 복받치는 호흡의 드라마입니다. 김소희라는 한 여인이 목소리 하나로 장장 12분이 넘는 시간을 채워가는 무언의 소리에는 정중동(靜中動)이 살아 숨 쉽니다. 그녀는 묻습니다. 당신의 삶은 무엇이었고 어떠했느냐고, 이제 당신들의 삶을 소리 높여 노래해 보라고 흥얼거립니다. 어떤 이에겐 지루하거나 소름 끼치는 소리일지도 모르고, 누군가는 밤중에 웬 살풀이냐며 비아냥거릴지도 모릅니다. 하지만 가만히 눈을 감고 어둠 속을 날아 보십시오. 그 소리에 온몸을 던져 보십시오. '구음'이라는 지극한 호흡 앞에 절로 숙연해질 것입니다. 한 잔의 차와 구음이 어우러지는 작은 방, 절묘한 소리의 조화에 다시 눈을 감습니다. 나도 모르게 깊은 묵상에 잠기는 시간, 마음은 한없이 겸손해집니다. 오직 촛불만이 흐느적거리는 침묵의 시공간입니다. 어둠 속에서 나를 찾아 떠나는 여행, 불 꺼진 방에서 촛불을 응시하며 초점을 맞춥니다. 저 불꽃 속에 내가 살고 있고, 내가 춤을 춥니다.

아직은 완전한 정(靜)의 시간이 아닙니다. 언젠가 이 시간이 끝나는 날, 내 삶은 어디에 머물게 될까요. 아마 미동조차 없는 고요의 세계, 그곳에는 촛농만 남겨진 어두운 빈 방만이 있을 것입니다. 입으로 다 하지 못한 수많은 사연만을 남겨둔 채 말입니다.

구음口音 살풀이_

구음은 악기가 아닌 입으로 내는 가락으로, 일명 '입타령'이라 합니다. 우리 음악에서 구음이 두드러지는 이유는 감정이 풍부한 우리 민족 특유의 북받치는 정서 때문입니다. '구음 살풀이'는 말 그대로 구음으로 살풀이장단의 가락을 노래하는 것을 뜻합니다.
그 선율은 주로 시나위 가락을 읊어나가는데, 슬픔을 간직한 처절한 절규와 구수한 가락이 공존하는 지극히 인간적인 소리입니다. 우리 민족의 흥과 멋이 담긴 가장 예술적인 형태이자, 무속적 혈통의 시나위를 바탕으로 한 종교적 승화이기도 합니다. 한국인의 뛰어난 감성을 가장 적나라하고 박진감 있게 표현한 '살아 있는 음악'이라 할 수 있습니다.

삶은 나를 버리는
시간들의 연속일 것입니다

오펜바흐Offenbach,
자클린의 눈물Les larmes de Jacqueline

호흡이 멎고 눈이 감깁니다. 늘 눈앞에 아른거리던 산사의 숲길입니다. 숲이 뿜어내는 향취는 예전 그대로입니다. 지인들의 성화에 떠밀려 마지못해 나선 길이지만, 발걸음은 자꾸만 주저하게 됩니다. 젊은 날의 청춘과 못다 한 공부의 흔적이 남아 있는 곳. 숲의 친구들은 이 길이 내게 그리 쉽지 않은 마음이었음을 알고 있을까요.

청미래덩굴, 신갈나무, 소나무, 오리나무, 단풍나무, 향나무 등이 변함없이 제자리를 지키고 있습니다. 개울가의 송사리들은 철모르는 아이처럼 예나 지금이나 천방지축 헤엄칩니다. 새들의 울음소리도 청아하기만 합니다. 산사의 명물인 동백나무, 황칠나무, 후박나무를 어찌 잊을 수 있을까요. 걸음을 옮길 때마다 눈길이 닿는 곳을 만져보고 얼굴을 비벼봅니다. 그제야 풀 죽었던 내 어깨가 절로 들썩임을 느끼며, 넓은 반석 위에 엎드려 입을 맞춥니다.

암자에 다다르니 너무나 크게 변해 버린 모습에 낯설어집니다. 작은 연못 속에서 노닐던 붕어들도 보이지 않습니다. 노란 초가지붕의 이엉은 묵어서 회색으로 탈색되었고, 눕고 자며 뛰어놀던 누각 위의 마루는 초라하기 그지없습니다. 행여나 누가 알아차릴까 두려워 조심스레 발을 들여놓습니다. 법당의 부처님을 뵈니 죄송한 마음이 앞섭니다. 왜 이제야 왔느냐고 물으시는 것만 같아 쉽사리 일어설 수 없습니다. 주인이 객이 되어 돌아왔으니, 참으로 서글픈 친정집입니다. 주체할 수 없는 눈물이 흐릅니다. 가슴을 저미는 묵직한 저음의 소리가 들려옵니다. 도입부부터 마음을 얼어붙게 만듭니다. 슬픈 여운이 애처롭기 그지없습니다. 〈천국과 지옥〉, 〈호프만의 이야기〉 등으로 잘 알려진 오펜바흐의 '자클린의 눈물'입니다. 사르르 흔들리는 나뭇잎들이 숨을 죽이는 듯합니다. 한순간 미동조차 할 수 없어,

길게 이어진 산등성이처럼 바싹 엎드리고 맙니다.

격정을 참고 넘어서는 강렬한 슬픔의 힘입니다. 마법에 걸린 듯 온몸에 전율이 흐릅니다. 쓸쓸함의 극치를 보여주는 선율입니다. 주인 없는 주인을 마주했던 암자의 고뇌처럼, 나를 찾는 적멸(寂滅)의 순간이 애절함 속으로 물들어 갑니다. 이 곡은 첼리스트 베르너 토마스(Werner Thomas)가 오펜바흐의 미발표 유작을 찾아내어, 비극적인 삶을 살았던 천재 첼리스트 자클린 뒤 프레(Jacqueline du Pré)에게 헌정한 곡입니다. '우아한 영국 장미'라 찬사받았으나 긴 투병 생활 끝에 첼로와 사랑을 모두 잃고 일찍 세상을 떠난 그녀의 삶이 이 선율 속에 녹아 있습니다. 다시 고요가 찾아옵니다. 평안합니다. 길고 긴 과거의 조각들, 그 격정은 나를 이기는 파도였습니다. 인생에서 누구나 거쳐 가야 할 단면들은 결국 기억의 저편으로 사라져 갑니다. 어쩌면 삶이란 나를 버리는 시간들의 연속일지도 모릅니다. 나를 비워내어 본연의 나를 찾는 긴 여정 말입니다. 그리하여 숲의 나무들이 수많은 가지를 펼쳐 보이듯, 저도 다시 가슴을 내밀어 세상을 마주하려 합니다. 추운 계절, 따스한 차 한 잔이 가슴을 데워줍니다. 저는 또다시 낚싯줄을 던집니다. '마음'이라는 이름의 저 숲과 바다, 그리고 저 하늘을 향해.

단장요 作

나뭇잎들이 바람에 실려 가 버린 한겨울의 나날들입니다. 껍질만 남은 황량한 나무와 그 가지를 보고 있노라면 존재의 한 귀퉁이가 허전해집니다. 겨울이라는 작은 공간 속에서 잎사귀들을 뒤로하고 묵상의 시간을 보내야 합니다. 하지만 그 내면은 미미한 아우성들로 꿈틀거리는 세계입니다.

바람에 가지들이 서로 부딪치며 상처 입고 부러집니다. 요란스럽지 않은 아주 작은 떨림들이 '웅-웅' 소리를 냅니다. 거기에도 질서가 있습니다. 나무와 나무, 가지와 가지, 가시와 가시 사이의 적절한 거리. 그 거리가 없다면 온통 상처투성이로 얼룩질 것입니다. 그 빈 거리에는 서로를 암묵적으로 이해하며 말없이 보듬는 '득음(得音)'의 소리가 있습니다. 무엇보다 지그시 눈을 감고 바라보는 '관조(觀照)'라는 겨울의 휴식기를 통해, 자신의 본분을 알아가는 '진아(眞我)'의 세계를 걸어가는 것입니다. 사람들은 뼈만 남은 나무들의 겨울 생활이 삭막하고 단조롭다 말할지 모릅니다. 하지만 단조롭다는 것은 큰 장점입니다. 비어 있기에 다시 채울 수 있고, 세상의 아름다운 것들로 다시 치장할 수 있기 때문입니다. 화사한 봄날을 기약하며 세상 사람들에게 상쾌한 공기와 푸름을 선물하기 위한 준비 과정인 셈입니다. 이처럼 겨울의 단조로움은 변화무쌍한 생명력을 품고 있는 역동적인 세계입니다.

"너의 마음을 전해줘. 너의 숨결을 보여줘. 너의 세상을 그려봐."

단순한 오선지 악보가 새로운 세상을 맞이하듯 넘실거립니다. 협주 속에 등장하는 바이올린의 그윽한 선율, 고즈넉한 여운을 가득 안은 시적인 울림이 무지개 자석처럼 가슴을 끌어당깁니다. 에리히 볼프강 코른골드의 바이올린 협주곡 2악장 '로망스'입니다. 누군가에게 전하고 싶은 애절한 속삭임이 울려 퍼집니다. 해맑은 순수함, 갓 사춘기를 지난 소녀가 꿈은 여기 있는 것이라고 외치는 메아리 같습니다. 구스타프 말러와 시벨리우스 등이 극찬했던 어린 신동, 그러나 훗날 할리우드 영화음악을 쓴다는 이유로 '할리우드 협주곡'이라 조롱받기도 했던 낭만주의자. 오늘날 20세기 신낭만주의의 거장이라 불리는 코른골드의 고백입니다. 가뿐한 산책길을 걷는 듯 우아하고 간결한 선율을 따라가다 보면, 안개 낀 푸른 숲속을 거니는 듯한 착각에 빠집니다.

꽃에서 향기가 나는 게 아니라, 가시에서 향기가 나는 것입니다

코른골드E. W. Korngold,
바이올린 협주곡 D장조 Op. 35
제2악장 로망스Romance : Andante

단순함에서 울려 퍼지는 사랑의 노래, 단순함에서 시작되는 사람들의 이야기. 므든 고귀한 것들은 이 단순함에서 고개를 듭니다. 삭막하고 가시 돋친 겨울이라 달하지만, 사실 모든 것은 새로운 생명을 향한 숨죽임일 뿐입니다. 사람답게 사는 아름다운 세상을 향한 기다림 말입니다.

시인 정호승은 노래했습ㄴ다. 꽃에서 향기가 나는 게 아니라 가시에서 향기가 나는 것이라고. 가장 날카로운 가시에서 가장 멀리 가는 향기가 나는 것이라고 달입니다. 고난의 겨울을 견디는 나무의 가시가 가장 진한 봄의 향기를 품고 있듯이 말입니다.

더디게, 느리게, 고요한 별들이
빛을 발하기 시작하는 겨울입니다

하인리히 베어만Heinrich Baermann,
클라리넷과 현을 위한 아다지오Adagio

心多爲輕躁 심다위경조 | 마음은 흔히 가볍고 조급하여
難持難調護 난지난조호 | 지키기 어렵고 다스리기 어려우니
智者能自正 지자능자정 | 지혜로운 이는 스스로 바르게 하네
如匠搦箭直 여장닉전직 | 화살 만드는 장인이 화살을 곧게 펴듯
- 《법구경(法句經)》 중에서 -

더디게, 더 더디게, 그리고 느리게. 고요한 별들이 빛을 발하기 시작하는 긴 동면의 시간, 정령의 밤이라 불리는 계절이 돌아왔습니다. 더딘 걸음이었으나 어느새 눈앞에서 겨울이 호흡하고 있습니다. 인적 없는 늦은 산행길, 해 질 녘 천관산 정수리에 섰습니다. 머리 숙인 갈대들이 시간을 탐닉하는 구도자처럼 보입니다.

눈앞에 펼쳐지는 남도의 다도해는 참으로 고요하고 소슬합니다. 홀로 걷는 즐거움은 삶의 큰 축입니다. 즐거움이 어디 따로 있겠습니까. 지금 이 순간을 온전히 누릴 수 있다면 그것으로 충분합니다. 대자연은 그저 호흡만으로 마음을 나누고 이야기를 건넵니다. 구태여 언어가 필요치 않습니다. 마음으로 세상의 모든 소식을 가슴에 담을 뿐입니다. 이것이 바로 대자연이 써 내려가는 아름다운 서사시입니다.

따뜻한 발효차가 온몸을 적시는 순간입니다. 선율을 타고 흘러나오는 서정적인 이야기가 다도해의 물결처럼 용솟음칩니다. 저절로 눈을 감게 하는 저주파의 매력, 1800년대 클라리넷의 거장 하인리히 베어만의 '클라리넷과 현을 위한 아다지오'입니다.

유태근 作

더디게, 더

차분하면서도 고요한 저녁 노을을 어루만지는 미세한 손길 같습니다. 클라리넷의 깊은 울림에 절로 눈이 감기고, 입가에는 작은 미소가 번집니다. 무언가를 가슴에 품는다는 것은 나를 내어주는 삶이자 영혼의 길입니다. 누군가를 지키기 전게 먼저 나를 찾아야 하며, 그 작은 울림 속에 비로소 무언가가, 그리고 누군가가 존재하는 법입니다. 불안을 알리는 미세한 뜰림과 갈등의 메아리로 흔들리는 이 곡은 아다지오의 깊은 맛(味音)을 전해줍니다. 삶에 기승전결이 있듯, 하인리히 베어만에게도 숱한 역경이 있었을 것입니다. 어쩌면 그는 연주를 하며 지난날의 고통스러웠던 한 순간을 기억했을지도 모릅니다. 평화롭고 따뜻한 클라리넷 선율이 다시 꿈길을 걷습니다. 저물어가는 다도해의 해를 어루만지는 듯한 그의 연주와 서정적인 향기가 예처로운 가슴을 울립니다. 모든 것은 결국 나에게서 비롯되고 나에게서 끝이 나는 것임을 깨닫습니다. 밤을 적시는 은은한 클라리넷 소리가 천관산을 타고 넘습니다. 소리는 저의 영원한 동반자입니다. 소리를 통해 잠시나마 내가 살아있음을 느낍니다. 찻물을 끓이는 소리에 때로는 다급한 마음이 앞서기도 하지만, 이 내 눈을 감습니다. 부글부글 끓어오르는 소리는 마치 제 마음의 요동을 표현하는 듯합니다. 역동적이던 찻물 소리가 잦아들면 저의 손놀림도 어느덧 조심스러워집니다.

사뿐사뿐 길을 걷듯 다관을 움직이는 손끝은 부드러운 극선을 그리며 변해갑니다. 정중동(靜中動)의 변화가 일어나는 순간마다 눈을 감습니다. 미묘하게 변화하는 마음을 들여다봅니다. 마음은 늘 눈동자와 비슷해서 작은 일에도 떨리고 흔들리며 방황하곤 합니다. 이런 마음들을 한곳에 집중할 수 있게 하는 힘은 바로 물을 달이고 다관을 움직이며 차를 우려내는 '호흡'에 있습니다. 그것이 차의 세계입니다. 나 안의 미세한 공간에서 음미하는 울림, 마음을 다스리는 차의 향기. 그 향기가 마침내 나를 찾는 소리로 다가가고 있습니다.

갈루피B. Galuppi,
피아노 소나타 제5번 C장조 중
아다지오Adagio

보슬비가 사뿐사뿐 내려앉아 두 눈동자를 적십니다. 한겨울 늦은 오후의 정취가
겨울 특유의 스산함을 이내 물리쳐 버립니다. 봄날의 이슬비처럼 은은한 차향이
가슴에 내려앉는 시간입니다. 고요의 그늘 속에서 우러나오는 한 떨기 물방울,
그 한 방울의 울림이 커다란 너울이 되어 번져갑니다. 혀끝을 적시고 가슴을 어
루만지며 영혼을 보듬는 한 잔의 차. 나를 되돌아보는 긴 동면의 계절이자, 새로
운 봄날의 햇살을 기약하는 반추(反芻)의 시간입니다. 윤선도는 《고산유고》에서
이렇게 언급했습니다.

既往之是非不能知 則目前之是非何得知也 기왕지시비불능지 즉목전지시비하득지야
과거의 일이 옳은지 그른지를 알지 못하고서야, 현재의 일이 옳은지
그른지를 어떻게 알 수 있겠는가?"

Adagio

차향은 나를 위한 반추를 불러옵니다. 내면의 목소리에 가만히 귀를 기울이며 지금 이 순간을 향유(享有)하려 합니다. 삶은 생각보다 단순합니다. 복잡한 계산이 없기에 사람이 아름다운 것이요, 있는 그대로를 보여주기에 정(情)이 깃드는 법입니다. 여기 그 단순한 아름다움을 들려주는 선율이 있습니다. 피아노의 거장 아르투로 베네데티 미켈란젤리가 연주하는 갈루피의 소나타입니다. 도입부부터 청아하고 깨끗한 이미지가 살아 숨 쉽니다. 아장아장 걷는 아이의 해맑은 얼굴 같기도 하고, 갓 피어난 새싹의 떨림 같기도 합니다. 물 흐르듯 자연스러운 선율은 거울에 비친 자신의 얼굴을 신기해하는 아이의 동심과 닮았습니다. 꾸밈없는 내적 자아의 발산(發散), 갈루피는 청순함 그 자체를 이야기하고 있습니다. 피아노 소나타 제5번 1악장 아다지오. 단순하게 반복되는 평화로운 선율은 전혀 지루하지 않습니다. 두 눈을 감고 이 선율에 마음의 날개를 펼쳐보십시오. 간결한 이미지가 자유롭게 가슴에 와닿을 것입니다. 교회 음악 작곡가였던 갈루피의 순수함과 영혼을 노래하는 절제미를 연주자 미켈란젤리가 완벽하게 구현해냅니다. 아침이든 저녁이든 즐거움을 음미하는 정겨운 기웃거림처럼, 급할 것 하나 없는 '느림의 미학'으로 다가올 것입니다.

"악(樂)이란 하늘에서 나와서 사람에게 붙인 것이요, 허(虛)에서 발하여 자연스럽게 이루어지는 것이니, 사람의 마음으로 하여금 느끼게 하여 혈맥을 뛰게 하고 정신을 유통(流通)케 하는 것이다. 느낀 바가 같지 않음에 따라 소리도 같지 않아서, 기쁜 마음을 느끼면 그 소리가 날려 흩어지고, 노한 마음을 느끼면 그 소리가 거칠어지나니, 그 같지 않은 소리를 합하여 하나로 만드는 것이 음악이다……."

성종 대의 음악 이론서인《악학궤범》서문에 나오는 이야기입니다. 차와 소리 역시 어찌 일맥상통하지 않겠습니까. 차가 마음을 드러내듯 소리 역시 마음의 산물입니다. 비단 차와 소리뿐이겠습니까. 잠시 멈추어 음미해 보십시오. 지금 우리 곁을 흐르는 지상의 모든 향기를 말입니다.

겨울은 암묵적인 시위의 상징과도 같습니다. 차가운 호흡들이 성큼성큼 곁을 지나갑니다. 힘든 시기를 보내는 누군가에게 삶의 모든 것이 무겁게만 느껴지는 계절이었을지도 모릅니다. 물론 삶의 무게는 각자의 몫이겠으나, 그것을 어떻게 받아들이느냐에 따라 삶의 지향성은 달라질 것입니다.

저는 이 숲속에서 늘 속삭입니다. "걱정하지 마라." 숲속의 나무들에게도 말합니다. "걱정하지 마라." 그리고 사람들에게도 전합니다. "걱정하지 마라. 대체 무슨 걱정이냐! 모든 일은 다 잘 풀릴 것이다."

조금 늦더라도, 천천히 가더라도 다 제 때가 있는 법입니다. 그러니 조급해하지 마십시오. 마음먹은 그 길을 묵묵히 걷고 있다면, 나를 감싸고도는 훈훈한 바람이 때에 맞춰 먼저 찾아올 것입니다. 지금 이 순간 느껴지는 봄의 기운처럼 말입니다. 설령 마음먹은 일이 뜻대로 이루어지지 않더라도, 최선을 다했다면 후회 없는 만족감을 느낄 수 있을 것입니다. 아장걸음으로 다가온 봄날의 햇살이 머지않아 당신을 자랑스럽게 어루만져 줄 것입니다.

낭만적인 피아노 선율이 흐릅니다. 늦은 오후, 숲속 나무 아래서 기도하는 수행자의 모습이나 성당의 오르간 소리를 연상시킵니다. 종교적인 경건함이 물씬 풍기는 해맑은 정경이 떠오릅니다. 오페라 〈시바의 여왕〉으로 유명한 카를 골드마크의 바이올린 협주곡 2악장 '에어(Air)'입니다.

명상적인 피아노 선율 위로 가냘픈 바이올린 소리가 서정적인 시상들을 펼쳐 보입니다. 이토록 애절하면서도 그윽한 이야기가 그네를 타듯 감미롭게 다가옵니다. 마음속 깊은 슬픔은 한순간의 격정이라며 흔들리는 나무들처럼 몸부림칩니다.

우리의 삶은 어쩌면 바이올린 소리의 작은 떨림과도 같습니다. 뛰어난 선율과 감각적인 호소력, 그리고 몽환적인 여운이 자꾸만 마음을 잡아끕니다. 한 편의 낭만적이고 순수한 무지갯빛 영화를 보는 듯합니다. '에어(Air)'라는 제목처럼 이 곡은 특유의 분위기와 기운, 그리고 맑은 공기처럼 우리 곁에 스며듭니다.

느낌과 끌림은 인위적이지 않아도 자연스럽게 다가오는 것입니다. 우리네 삶 또한 그런 길을 걸어가는 것이겠지요. 그 여정 안에는 인간이라면 누구나 겪어야 할 즐거움과 슬픔이 공존합니다. 그 역경 속에서 피어나는 것이 바로 인간의 '열정'입니다. 열정이 깃든 삶은 저절로 아름다워집니다. 있는 그대로의 모습을 보여주는 것, 그것이 곧 삶이기 때문입니다. 그러니 다시 한번 말합니다. 걱정하지 마십시오. 무슨 걱정입니까. 삶은 그 자체로 이미 아름답습니다. 차 한 잔을 나누는 이 순간 또한 저절로 아름다워질 것입니다.

시작도 없이 나고 또 나거늘,
그대는 아는가 어디에서 오는지를?

카를 골드마크Karl Goldmark,
바이올린 협주곡 제1번 A단조 Op. 28
제2악장 에어Air : Andante

有物來來不盡來 (유물래래부진래) 존재가 나고 또 나도 다함이 없어
來纔盡處又從來 (래재진처우종래) 다하였나 싶은 때에 어디선가 또 나오네
來來本自來無始 (래래본자래무시) 시작도 없이 나고 또 나거늘
爲問君從何所來 (위문군종하소래) 그대는 아는가, 어디에서 오는지를?
화담 서경덕, 〈유물(有物) - 존재에 대하여〉 -

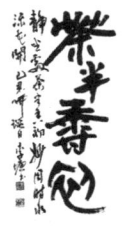

우리는 결국 왔던 곳으로
되돌아가는 소심한 존재임을 알아야 합니다

**베토벤L. v. Beethoven,
현악 4중주 제13번 B♭장조 Op.130
제5 악장 카바티나Cavatina**

한 해가 가고 또 한 해가 이미 당도했습니다. 모든 것이 사라져 버린 듯한 시간 속에서, 오직 기억과 기록만이 흔적으로 남았습니다. 앙상한 나뭇가지들은 한때 욕망으로 피워 올렸던 모든 것들을 미련 없이 떨어뜨립니다. 나를 버려야 비로소 내가 존재할 수 있음을 알기에, 스스로를 비워내며 더욱 담백한 모습으로 겨울을 맞이합니다. 낙엽들은 이제 자신의 근원으로 돌아갑니다. 그것은 회귀(回歸)이자, 생의 역설적인 마침표입니다. 거센 비바람과 눈보라를 견뎌야 하는 모진 시간이 기다리고 있음에도 나무는 주저하지 않습니다. 겨울이 그만큼 깊은 인내의 시간임을 스스로 자각하고 있기 때문입니다. 자연의 모든 것은 이토록 순리대로 흐릅니다.

향기가 그윽합니다. 차를 마시는 기도의 시간, 두 눈을 감고 어두운 방 안을 채우는 소리에 몸을 맡깁니다. 고요하고 서정적입니다. 베토벤의 현악 4중주 13번 중 제5악장 '카바티나'가 흐릅니다. 본래 오페라나 오라토리오에서 기악 반주가 따르는 서정적인 독창곡을 뜻하는 이 갈래는, 베토벤의 손길을 거쳐 지극히 내밀한 고백으로 재탄생했습니다.

병상에 누워 이 곡을 썼던 베토벤의 눈물을 상상해 봅니다. 바이올린의 선율은 화려하지 않으나, 은근하게 배어 나오는 묘한 여운이 마음을 적십니다. '지금 이 순간 내 삶은 어디에 와 있는가.' 지나온 세월에 대한 쓸쓸한 반추이자, 회상의 이미지가 눈앞에 펼쳐집니다.

고독한 길 위에서 고뇌하는 한 인간의 모습이 때로는 우아한 물결로 밀려옵니다. 한 인간으로서 생의 이면을 뒤돌아보며 베토벤은 무엇을 생각했을까요. 선율의 흐름은 잔잔하기만 합니다. 삶 또한 이 여운처럼 유유히 흘러가다, 어느덧 고독한 생의 저편으로 꿈처럼 사라져 갈 것입니다. 감미로운 첼로와 바이올린의 이중주가 다시 한번 깊이 눈을 감게 합니다.

낙엽귀근(落葉歸根). 낙엽은 결국 뿌리로 돌아갑니다. 자기가 본래 태어났거나 자랐던 곳으로 되돌아감을 이르는 말입니다. 헛된 망상과 욕심이 넘쳐나는 이 시대에, 우리 역시 결국 왔던 곳으로 되돌아가는 작고 소박한 존재임을 겸허히 인정해야 합니다. 욕심은 인간을 고통의 길로 인도하며, 그 욕망이 세상을 얼마나 혼란스럽게 만드는지를 우리는 매일 목도하고 있습니다. 이제 우리는 스스로를 되돌아보는 성찰의 시대로 나아가야 합니다. '너'와 '내'가 갈라지는 세계가 아니라, '우리'가 함께 호흡하는 의식의 세계로 말입니다.

따뜻한 차 한 잔이 간절한 계절입니다. 차 한 잔을 사이에 두고 가슴과 마음을 여는 대화가 필요한 때입니다. 이 작은 시작이 우리가 함께 걷는 소중한 한 걸음이 될 것입니다. 다가올 봄날을 기약하며 서로를 위해 찻잔을 들어야 합니다. 그런 후에 우리 모두, 저마다의 아름다운 꽃눈이 되어 다시 만나야 합니다.

앙상한 계절, 겨울의 한 귀퉁이에서 나뭇가지들이 시큼하게 얼어붙었습니다. 지켜보는 나조차 소스라치게 몸을 움츠리게 됩니다. 오소리가 멀뚱멀뚱 나를 쳐다보고, 멧돼지는 새끼들을 데리고 산길을 누빕니다. 먹이가 부족해 마을까지 어슬렁거리는 그들의 모습은 인간이 망쳐놓은 생태계와 먹이사슬의 비극을 보여주는 듯합니다. 겨울은 그들에게 그야말로 혹독한 시련의 계절입니다. 멧돼지는 새끼들을 위해서라면 물불 가리지 않고 매섭게 거처를 옮기며 사냥에 나섭니다. 무서움이라곤 찾아볼 수 없는 그 기세는 동물의 본능을 넘어선 '사랑'의 위대함을 실감케 합니다. 사랑이라는 감정은 이토록 무서운 힘을 지녔습니다. 카탈라니의 오페라 〈라 왈리〉 또한 이 추운 계절처럼 매정한 사랑의 단면을 노래합니다.

**"그렇다면 먼 곳으로 떠나겠어요.
마치 성스러운 종의 메아리가 멀어지는 것처럼.
그곳은 흰 눈 사이, 그곳은 금빛 구름 사이.
희망이 있는 반면, 슬픔과 고통도 있겠지요……"**

애절한 울림, 아쉬움을 가득 머금은 목소리가 들려옵니다. 하지만 그 안에는 결연한 의지가 서려 있습니다. 눈바람이 거세게 몰아치는 길 위에서 주인공 왈리는 노래합니다. "생각하고 또 생각했어요. 이제는 되돌아볼 수 없네요." 비장미가 넘쳐흐르는 이 곡은 사랑을 위해서라면 무엇이든 감내하겠다는 딸의 매정하고도 구슬픈 고백입니다. 간절한 메아리가 차가운 눈발에 날려갑니다. 알프레도 카탈라니가 작곡한 〈라 왈리〉는 스위스 티롤 지방 청춘 남녀의 비극적인 사랑 이야기입니다. 아버지의 반대를 무릅쓰고 사랑하는 하겐바흐를 찾아 떠나려는 왈리의 강인한 의지가 이 노래에 담겨 있습니다. 거친 바람과 눈은 그녀 앞에 놓인 시련을 상징합니다. 돌아오지 않을 것이며, 다시는 보지도 못할 것이라는 비장한 선언이지요. 세상의 모든 청춘 남녀에게는 저마다 아름다운 사랑의 이야기가 존재합니다. 그것이 슬픔이든 기쁨이든, 어떤 형태로든 삶의 갈피에 인쇄되어 있습니다. 왈리의 사랑을 거부했던 하겐바흐, 그리고 왈리를 짝사랑한 겔너. 질투에 눈먼 겔너는 하겐바흐를 골짜기 아래로 밀어버리고, 눈사태 속에서 뒤늦게 서로의 사랑을 확인한 왈리와 하겐바흐는 결국 차가운 눈 속에서 함께 죽음을 맞이합니다.

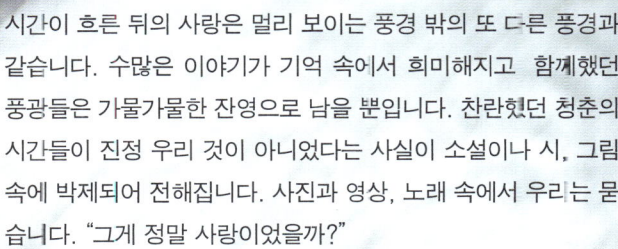

시간이 흐른 뒤의 사랑은 멀리 보이는 풍경 밖의 또 다른 풍경과 같습니다. 수많은 이야기가 기억 속에서 희미해지고 함께했던 풍광들은 가물가물한 잔영으로 남을 뿐입니다. 찬란했던 청춘의 시간들이 진정 우리 것이 아니었다는 사실이 소설이나 시, 그림 속에 박제되어 전해집니다. 사진과 영상, 노래 속에서 우리는 묻습니다. "그게 정말 사랑이었을까?"

사랑의 기억들이 쓸쓸하고도 애절하게 살아 숨 쉬는 겨울입니다. 이 계절은 사랑을 '아름다운 소외'로 남겨둡니다. 소외된 시간들, 그 적막한 여백 사이로 차 향기가 스며듭니다. 향기는 어느덧 아름다운 풍경 밖, 더 깊은 풍경 속으로 물들어갑니다.

사랑을 위해서라면
우리는 무엇이든지 감내할 수 있습니다

알프레도 카탈라니Alfredo Catalani,
오페라 〈라 왈리La Wally〉 중
나 이제 멀리 떠나가리Ebben? Ne andrò lontana

추위가 귓불을 잡아당기는 계절입니다. 정원수 남천이 붉은색으로 조금씩 미소를 지어 보입니다. 낙엽이 모두 져버린 문턱이지만, 매자나무과의 상록관목인 남천은 예외입니다. 남천은 추위를 만나면 오히려 화려한 붉은색으로 서서히 옷을 갈아입습니다. 한겨울 눈이 내리면 그 홍염(紅焰)의 빛깔은 더욱 강렬해집니다. 남천 군락지를 보면 선홍빛으로 물든 자태가 농염하다 못해 붉은 열매까지 무척이나 아름답습니다. 폭설이 내린 후 흰 눈 사이로 드러나는 선홍빛 몸매는 형언할 수 없는 풍광을 만들어냅니다. 그러다 봄이 오면 붉은 빛은 다시 풋풋한 초록색으로 얼굴을 들이밉니다. 소리 소문 없이, 아주 자연스럽게 말입니다.

낙엽 지는 세상 속에서 바람 소리가 귀를 울립니다. 햇살이 내리는 소리도 밀물처럼 밀려옵니다. 조용히 음미할 수 있는 자연의 소리는 언제 들어도 감미롭고 평온합니다. 그러나 오늘날 우리가 사는 세상은 온통 소음으로 넘쳐나고 있습니다. 눈이 아프고 귀가 찢어질 만큼 날카로운 아우성들이 달려듭니다. 진짜인지 가짜인지 분간하기 어려운 뉴스들, 유튜브가 쏟아내는 정보들, 광장에서 외쳐대는 이분법적인 구호들까지. 저마다 자신만의 소리를 생산해내느라 여념이 없습니다. 단 하루라도 이런 소란을 멈출 수 있을까요? 멈추면 비로소 보이고 들리는 것들이 있습니다. 갈등이 가득한 광장에서 구노의 '아베 마리아'가 울려 퍼진다면 그 얼마나 아름답겠습니까. 소리라는 것은 눈으로 살피는 것입니까, 아니면 귀로 살피는 것입니까? 옛 성인들은 귀로 듣는 일에 온 힘을 쏟아부었습니다. 하지만 지금의 위정자들은 그저 눈으로 보이는 것에서만 답을 찾으려 합니다. 진정한 소리는 하늘이 내려주는 것입니다. 자연스럽게 들려오는 민의(民意)의 소리, 그곳에 사람들의 진실한 마음이 담겨 있습니다.

자연의 소리를 제외한 인위적인 소음이 사라진, 단 하루만이라도 '무음無音'의 세상을 마주하고 싶습니다. 누구의 목소리도 들리지 않는 고요 속에서, 마음과 마음으로 전해지는 자연의 소리를 듣고 싶습니다. 마주치는 눈빛과 미소만으로도 충분히 소통할 수 있는 영혼의 소리를 듣고 싶습니다. 소리 없는 무음의 세상, 아베 마리아여. 눈을 감고 마주한 너와 나의 공간 속에 차 향기가 마음을 타고 잔잔히 흐릅니다.

無_音

광장에서 울려 퍼지는
세상의 무음無音

샤를 구노C. Gounod,
아베 마리아Ave Maria

아름다워지는 것은
늘 느리게 다가오고, 흰 포말처럼
결코 쉽게 사라지지 않습니다

루이지 보케리니L. Boccherini,
첼로 협주곡 제9번 B♭장조
제2악장 아다지오 논 트로포Adagio non troppo

무거운 겨울비가 메마른 대지를 적십니다. 팔이 굽고 휘어진 늙은 소나무가 비에 젖은 몸을 겨우 가누고 있습니다. 앙상한 줄기마다 세월이 곰삭아 더는 삭아 내릴 곳도 없을 것 같은 칡덩굴이 그 노송에 몸을 맡기고 있습니다. 서로 얽히고설켜 겨울을 이겨내는 자연의 조화가 아름답기 그지없습니다.

제 소임을 다한 늙은 소나무는 봄이 오면 하늘을 향해 용트림하듯 뻗어 나갈 칡덩굴에게 기꺼이 제 허리를 내어줍니다. 소나무는 허무를 기다리고, 거침없이 뻗어가는 칡덩굴은 새로운 생명을 기다립니다. 상반된 두 존재의 모습이 비움과 채움으로 나뉘는 우리네 삶과 참 많이 닮았습니다.고독을 삼켜내는 선율 속에서 비바람에 몸을 맡긴 외로운 갈대가 떠오릅니다. 밤이 오면 갈대는 보름달을 기다리며 고개를 숙입니다. 누군가를 그리워하는 것이 자신의 운명인 양, 밤하늘에 애잔함으로 피어납니다. 외로움을 숙명으로 삼아온 첼로, 그러나 그 느린 걸음은 담대하고 우아하며 아름답습니다. 보케리니의 첼로 협주곡 9번 2악장 '아다지오 논 트로포'입니다. 절제된 감정의 울림이 무척 매력적입니다. 그 울림 속에는 섣불리 나아가거나 자신을 드러내지 않는, 깊숙이 숨겨진 내면의 향기가 그윽합니다. 이 선율처럼 굳이 드러내지 않아도 존재 자체로 우아하게 다가오는 그런 사람을 만나고 싶습니다. 모든 것을 내어주는 늙은 소나무처럼 저절로 아름다워지는 사람, 아주 느리게 걸어가는 첼로의 숨결처럼 깊은 사람 말입니다. 진실로 아름다워지는 것은 늘 느리게 다가옵니다. 그리고 흰 포말처럼 결코 쉽게 사라지지 않으며 긴 여운을 남겨 그리움이 됩니다. 아름다움은 거창한 곳에서 시작되지 않습니다. 미미한 틈새에서, 아주 작은 곳에서 미묘한 발걸음을 뗍니다. 저음의 첼로를 보십시오. 그 울림은 비록 작을지라도 주위를 끌어당기는 묘한 감성을 지니고 있지 않습니까. 그 저음의 심연이 사람들의 마음을 아름다움으로 가득 채워줍니다. 긴 겨울 동안 만물은 뿌리를 통해 제 내면을 깊숙이 성숙시킵니다. 그리그 그 뿌리는 묵묵히 홀로 봄을 향해 나아갑니다. 느리지만 분명하게, 때가 되면 선경한 봄의 길을 열어젖힙니다. 뿌리는 우리의 삶처럼 흔들리지 않는 근본을 품고 있습니다. 인내와 성찰, 뿌리는 긴 시간 동안 자신의 모습을 다듬어 자연 속으로 풀어놓습니다. 흔들림 없이 주고받으며 끊임없이 윤회하는 자연의 뿌리가 바로 우리의 삶입니다. 진정 삶이 아름다운 사람은 번뇌와 욕망을 버리고 조용히 나눔과 평화를 실천하는 사람입니다. 저음의 첼로처럼 위대하고 담대하게 말입니다.

별들이 총총한 겨울밤입니다. 클래식 FM에서 흘러나오는 애수 어린 선율이 발걸음을 같이합니다. 오랜만에 마주하는 맑은 밤하늘입니다. 쌀쌀한 날씨지만 겨울 밤길을 걷는다는 것은 참으로 상쾌한 일입니다. 시골의 밤은 여덟 시만 되어도 고요한 정적에 물듭니다. 인기척조차 없는 자정의 산책, 그래서 더 좋습니다. 홀로 걷는 사색의 순간이 이토록 아름다울 수 있을까요.

오보에 소리가 들려옵니다. 우수에 어린 감성적인 마음들이 자화자찬하듯 살아납니다. 별들은 깜빡거리며 시간의 격차를 두고 흘러갑니다. 별이 가는 것인지, 구름이 가는 것인지, 혹은 내가 걷고 있는 것인지조차 모호해지는 발걸음일 때가 있습니다. 어차피 삶이란 하나의 '걸음걸이'라는 것을 잊지 않으려 합니다. 누구에게나 겨울은 생각이 깊어지는 계절입니다. 피아졸라의 '망각'. 바이올린 연주도 훌륭하지만, 밤에는 역시 오보에의 선율이 제격이라는 생각이 듭니다. 열정적인 아르헨티나 탱고 무대 속에서 피어난 이 클래식한 선율에 몸을 맡깁니다. 피아졸라는 생전에 이렇게 말했습니다.

"모든 인간의 행위에는 망각이 필요하기 마련이다. 살아 숨 쉬는 유기체의
생명에는 망각이 필수적이다. 모든 것은 그저 스쳐 지나가는 것이 아니라, 내
기억 속에 묻혀 잊히는 것뿐이다. 나를 기억에 묻고, 너를 그 위에 다시 묻는다."

무언가를 잊고 산다는 것은 축복입니다. 그러나 무언가를 잊고 살아간다는 것은 한편으로 슬픈 일입니다. 기억의 저편에서 찾아오는 그림자 여울을 마주합니다. '잊고 있었다'는 것은 사실 아주 잊은 것이 아닙니다. 잠시 기억의 언덕 너머 서랍장 속에 닫아두었을 뿐입니다. 무심코 열어본 서랍 속 물건들에서 아픔이나 슬픔, 그리고 아련한 추억의 향기가 배어 나옵니다. 시골 밤길 또한 마찬가지입니다. 어린 시절의 환영들이 고스란히 살아 숨 쉬며 달려옵니다. "너를 기억하니?"라고 묻는 과거의 목소리가 때로는 고정된 틀에 갇힌 올가미처럼 다가오기도 합니다. 애절한 호흡이 울려 퍼지는 메아리 속에서 우수를 머금은 인간의 진심이 와닿습니다. 선율 속에 떠오르는 구슬픈 정경, 그날의 이야기들이 밤하늘에 퍼져 나갑니다. 기억은 언제든 소환할 수 있도록 '뇌'라는 데이터 센터에 저장된 감성적 회로입니다. 고요한 정적 사이로 밤 고양이들이 스쳐 지나갑니다. 지금 이 순간도 곧 과거가 되겠지요. 날이 밝으면 어제의 일이 되고, 해가 갈수록 가물거리는 저편의 기억으로 머물 것입니다. 그러나 변하지 않는 것이 있습니다. 좋은 기억은 웃음으로 피어나고, 나쁜 기억은 씁쓸한 입맛으로 남는다는 사실입니다.

**내가 변하지 않으면
세상이 나를 버립니다**

아스토르 피아졸라A. Piazzolla,
망각Oblivion

Oblivion

사실 기억은 과거의 관념일 뿐입니다. 사람들은 망각이나 허상에서 벗어나라고 말합니다. 그래야 나를 비울 수 있고 비로소 세상이 보이기 때문입니다. 나를 버린다는 것은 곧 내가 새로워지는 것입니다. 피아졸라 역시 생각의 틀을 깨고 변화했기에 이런 아름다운 곡을 만들어낼 수 있었을 것입니다. 시대가 변했습니다. 세상은 빠르게 진화하고 있습니다. 과거라는 망각의 늪에만 머물러 있을 수는 없습니다.

"오불변즉기세아(吾不變則棄世我), 내가 변하지 않으면 세상이 나를 버린다."
그것이 설령 행복하고 아름다웠던 순간일지라도,
우리는 머물지 않고 나아가야 합니다.

불완전한 세상에
살고 있는 인간이 불안한 것은
지극히 당연한 일입니다

**프리드리히 부르크뮐러F. Burgmüller,
첼로와 기타를 위한 3개의 야상곡 중 제1번**

작업장 안에 새들이 또다시 날아들었습니다. 새들이 재잘재잘 요란스럽게 입을 놀립니다. 자연의 소리만큼 좋은 청량감이 어디 있겠습니까마는, 마음 상태에 따라 기분 좋게 들리기도 하고 피곤할 때는 시끄럽기 그지없기도 합니다.
한때 참새들과의 동행이 그러했습니다. 처음엔 한두 마리였습니다. 시간이 갈수록 작업장 안에는 새집이 늘어났고, 처마 밑 참새 둥지들은 마치 성벽처럼 이어졌습니다. 그러다 보니 참새들의 지저귐은 음과 음 사이를 끊어 연주하는 '논 레가토(Non Legato)' 같았고, 때로는 고통스러운 변주곡처럼 들리기도 했습니다. 무엇보다 곤혹스러운 것은 작업장 안팎이 새들의 배설물로 얼룩지는 것이었습니다. 어린 참새들이 먹이를 달라고 보채는 소리는 마음을 더욱 심란하게 했습니다. 그 소음이 오죽했겠습니까. 결국 어린 새들이 날기 시작할 무렵 '극약 처방'을 내렸습니다. 새집들을 모두 우레탄 폼으로 메우고, 천장과 벽 사이의 틈은 천막을 제작해 막아버렸습니다. 2년여의 동거 끝에 지난 6월, 새들은 밖으로 날아갔습니다. 새들이 떠난 작업장은 너무나 고요했습니다. 평화가 찾아온 듯했습니다. 하지만 그 평화는 그리 오래가지 않았습니다. 늦가을, 이곳에서 태어나 자란 참새들이 다시 작업장 안으로 돌아온 것입니다. 겨울을 나기 위한 참새들의 '귀향(歸鄕)'이 시작된 것입니다.
감미로운 첼로 소리가 흐릅니다. 프리드리히 부르크뮐러의 '첼로와 기타를 위한 야상곡 제1번'입니다. 불 꺼진 어두운 밤, 부드러운 선율에 가만히 눈을 감습니다. 야상곡으로 더할 나위 없습니다. 뒤를 받쳐주는 기타의 음성 또한 차분한 마음을 갖게 합니다. 시인의 시를 읽으면 그 풍경이 선하게 떠오르듯, 이 곡 역시 옛 정취를 떠올리게 합니다. 동경과 그리움은 낭만적인 선율로 이어집니다.

잔잔한 운율은 이야기가 되고, 반복되는 율동은 깊은 호소력으로 우아한 이 미지를 남깁니다. 진정한 청초함과 아름다움이란 무엇일까요. 그것은 자연스럽게 삶의 이면이 드러나는 것이 아닐까 싶습니다. 인위적이지 않은 자연스러움이야말로 삶의 원동력이자 내면의 꽃일 것입니다. 첼로와 기타는 그 향기를 담아 나풀나풀 날아갑니다. 짧은 곡이지만 반복되고 되돌아오는 선율 속에는 감수성을 확 사로잡는 매력이 담겨 있습니다.

귀향(歸鄉) 돌아간다는 것, 이것은 숱한 사람들의 화두입니다. 대승적 차원에서 보면 태어난 곳인 자연으로 돌아가는 것이 순리라 말합니다. 하지만 어떻게 돌아가야 할까요? 무엇을 남기고 돌아가야 할까요? 돌아간다는 것은 우리에게 어떤 의미를 던져줄까요. 그것은 바로 원초적인 자아를 찾아가는 과정입니다. 삶의 진정한 귀환(歸還)은 타인이 아닌 '자신'에게로 돌아가는 것입니다. 과거의 나와 마주하여 화해하는 것입니다. 불완전한 세상에 살고 있는 인간이 불안을 느끼는 것은 당연한 일입니다. 현재든 과거든, 그 여정이 좋았든 나빴든, 혹은 욕망과 증오로 점철되었을지라도 말입니다.

살아온 나날들 속에서 스스로와 화해하는 것이야말로 진정한 귀환입니다. 그 귀환은 모든 짐을 훌훌 털어버리는 자유이며, 스스로에게 건네는 치유의 명약입니다. 작업장으로 돌아온 참새들이 또다시 짹짹거리며 아침을 깨웁니다. 그 소리가 오늘따라 정겹게 들려옵니다.

佳客

고독을 즐기는 아름다운 손님,
가객佳客이라 하겠습니다

볼프강 아마데우스 모차르트W. A. Mozart,
피아노 협주곡 제20번 D단조 K. 466
제2악장 로망스Romance

스산한 계절입니다. 차가운 바람이 유리창을 두드리고, 그 투명한 창 너머로 햇살이 투영됩니다. 온기를 맞이하려 얼굴을 들이미니 기분이 한결 좋아집니다. 오랜만에 느껴보는 한가로움입니다. 클래식 라디오의 주파수를 맞추고 차를 몰아 들판으로 나섰습니다.

추수가 끝난 들녘은 양파 모종 심기가 한창입니다. 이만 평 가까이 되는 광활한 밭을 거대한 트랙터가 지나가자 붉은 속살 같은 흙이 드러납니다. 순식간에 말끔하게 정돈된 밭으로 변신합니다. 그 순간, 시야에 번뜩이는 무언가가 보입니다. 붉은 흙더미 한가운데 대봉이 주렁주렁 달린 감나무 한 그루가 서 있습니다. 강한 햇살 아래 고고함을 드러내는 그 자태가 눈 시리게 아름답습니다. 박수근의 〈고목과 여인〉을 떠올리게도 하고, 마치 이방인이 우두커니 서 있는 유화 한 폭을 보는 듯도 합니다. 홀로 선 자아의 존재감을 강렬하게 드러내는 그 모습은 붉은 땅 위에 꽈리를 튼 '독생자(獨生子)'라 할 만합니다. 자동차 시동을 끄고 한참을 바라보았습니다. 어쩌면 사랑이 필요한 '아웃사이더'라는 용어가 어울릴지도 모르겠습니다. 혹은 고독을 즐기는 아름다운 손님, '가객(佳客)'이라 부르고 싶습니다. 때맞춰 라디오에서 모차르트의 선율이 흘러나옵니다. 모차르트 피아노 협주곡 20번 2악장입니다. 피아노 독주가 부드럽고 우아하게 울려 퍼집니다. 모차르트 역시 독보적이면서도 도도한 아름다움을 지닌 가객이었지요. 영화 〈아마데우스〉에 삽입되어 대중에게도 깊이 각인된 선율입니다. 흔히 '로망스'라 불리는 이 악장은 참으로 오랜만에 만나는 낭만적인 곡입니다. 두 눈을 감고 선율에 마음을 실어봅니다. 흔히 모차르트 하면 아이 같은 천진난만함을 떠올리지만, 이 곡에는 행복했던 지난날을 반추하는 우수 어린 마음이 담겨 있습니다.

풍부한 감성이 낙천적이면서도 내면의 울림은 예리하게 귓가를 파고듭니다. 사람들은 그를 천재라 부르지만, 정작 그는 "나만큼 많은 노력을 한 사람은 없다"고 말했을 정도로 지독한 노력파였습니다. 광활한 무대 위에서 독보적인 존재였던 모차르트의 선율이 반복됩니다. 비록 서른다섯의 짧은 생을 마감했으나, 그의 노래는 지금 이 순간에도 온 세상에 울려 퍼지고 있습니다. 사람들은 흔히 말합니다. 평범하게 사는 것이 행복이고, 너무 뛰어난 재능은 오히려 불행의 씨앗이라고 말입니다. 여기 〈꽃을 던지는 사람〉이라는 작품이 있습니다. 거리의 예술가 뱅크시(Banksy)의 작품입니다. 그는 오늘날 세계에서 작품값이 가장 비싼 작가 중 한 명이지만, '뱅크시'는 가명일 뿐 그의 정체는 베일에 싸여 있습니다. 뱅크시는 이렇게 말한 적이 있습니다.

"나는 알려지는 것에 관심이 없다.
제멋에 겨워 자신의 대단찮은 얼굴을 알리려는 등신들은 쌔고 쌨죠."

사람들은 그를 반체제 인사인지, 아웃사이더인지 궁금해하며 이구동성으로 떠듭니다. 대중 앞에 서지 않는 예술가라 할지라도, 진정한 가치는 때가 되면 저절로 드러나기 마련입니다. 조선 중기 문신 소세양(蘇世讓)이 송순의 면앙정(俛仰亭)에 쓴 기문의 일부가 떠오릅니다.

"山川者 天地間無情之物也 然必待人而顯 산천자 천지간무정지물야 연필대인이현
산천은 천지간의 무정한 물건이다. 그러나 반드시 사람을 기다려야
그 모습이 드러난다."

모든 사물은 스스로 귀해지는 것이 아닙니다. 오직 사람의 발견을 통해서만 그 빛을 발하기 때문입니다. 붉은 대지에 홀로 선 감나무가 아름답게 느껴지듯, 모차르트의 선율이 내 마음속에 자리 잡듯, 모든 가치 있는 것들은 천천히 우리 곁으로 다가옵니다. 굳이 말하지 않아도, 애써 드러내지 않아도 말입니다.

자연이 펼쳐 놓은
아름다움은 순식간에
사라지고야 맙니다

표트르 일리치 차이코프스키P. I. Tchaikovsky,
우울한 세레나데Sérénade mélancolique Op. 26

묵언과 묵언으로 이어지는 침묵의 시간입니다. 밤늦은 바람 소리와 함께 눈이 내렸습니다. 온통 눈으로 뒤덮인 산과 들의 아침, 순백의 세계는 시리도록 아름답습니다. 하지만 모든 것은 찰나입니다. 자연이 펼쳐 놓은 이 장엄한 아름다움은 순식간에 사라지고야 맙니다.

아무도 걷지 않은 순백의 길 위로 발을 절뚝거리는 집 없는 개 한 마리가 걸어옵니다. 눈이 마주치자 개는 이내 뒤돌아서며 발걸음을 옮깁니다. 세 발자국, 뒷발 하나가 절단된 상태였습니다. 하얀 도화지 같은 눈밭 위에 낙인처럼 찍히는 세 발의 흔적. 제대로 먹지 못해 등뼈가 앙상히 드러났고, 피부를 보호해야 할 털들은 몸 구석구석 빠져 있었습니다. 지치고 고단해 보이는 몸으로 사람들의 눈을 피해 떠도는 저 개를 보며 마음이 무거워집니다. 마침 곁을 지나던 이웃 형님이 말합니다. **"저 절름발이 개가 온 동네를 떠돌다 여기까지 왔네. 몰골이 저러니 사람들에게 내쫓기기 일쑤고, 저놈도 사람이 무서워 도망치기 바쁘지. 아마 죽음 날이 머지않았을 거야."**

어디에서도 환영받지 못하는 굴레, 사연조차 알 수 없는 가혹한 낙인이었습니다. 황급히 도망치는 떠돌이 개에게 나는 아무것도 해줄 수 없었습니다. 그저 작은 노래 하나에 마음을 실어 보낼 뿐입니다. 추운 겨울을 홀로 떠도는 너에게, 애처롭기 그지없는 너에게 따뜻하고 감미로운 목관 악기의 숨결로 첫인사를 건넨다. 차이코프스키의 '우울한 세레나데'다. 관현악의 선율 위로 흐르는 바이올린 독주가 하루하루를 견뎌내는 네 모습과 닮았구나. 근심과 슬픔이 배어 있는 그 선율이 너를 어루만지며 위로하는 듯하다. 한때 너도 누군가의 사랑을 받으며 들판을 뛰어다녔겠지. 사랑받기 위해 사람들에게 재롱을 떨며 즐거움을 주었을지도 모른다.

그런데 지금은 누구에게도 환영받지 못하는 처지가 되었구나. 사람들은 너를 '절름발이 개'라 부르며 밀어내겠지만, 그래도 삶은 이어지는 거란다. 너에게 바라는 것이 있다면, 부디 네 생의 기억 속에 사랑받았던 행복한 순간만을 간직했으면 좋겠구나. 은은한 바이올린 선율이 이제 작별을 고한다. 부디 다음 세상에서는 결핍 없이 사랑받는 행복한 삶이기를 간절히 기도한다. 떠돌이 개를 '절름발이'라고 부르는 타인의 말 한마디에, 나 또한 순식간에 녀석을 '절름발이 개'로 인식해 버리고 말았습니다. 단지 무언가 조금 부족하고 잃어버린 것뿐인데, 그것은 불도장 같은 부정적인 낙인이 되어 녀석을 규정지었습니다. 개의 의지와 상관없이 환경에 의해 덧칠해진 불편함일 뿐인데 말입니다. 부정적인 사람의 눈빛에 기가 죽은 채 살아가는 개는 이미 스스로 마음의 족쇄를 차고 있는지도 모릅니다. 그런데 족쇄를 차고 사는 것이 어디 저 개뿐이겠습니까. 우리 인간 역시 무의식중에 스스로에게 족쇄를 채우며 살아갑니다. 분노와 집착, 욕망과 허상이라는 굴레에 갇혀 사는 것이야말로 진정한 '절름발이 인생'이 아닐까요.

시간이 흐를수록 그 굴레는 맹목적인 자화상을 만들어내고, 끝내 마음속에 괴물을 키워냅니다. 괴물은 멀리 있는 것이 아니었습니다. 끝없는 욕심으로 점철된 반인반수의 인간, 그것이 바로 절름발이 인생입니다. 다시 눈이 내립니다. 내 안의 못난 것들아, 이제 그만 굴레를 벗어던지자고 나지막이 읊조려 봅니다.

刹
羅

돌아보지 마세요,
나의 뒷모습은 초라할 뿐입니다

요하네스 브람스J. Brahms,
바이올린 협주곡 D장조 Op. 77
제2악장 아다지오Adagio

차가운 기운이 사방에 넘칩니다. 어둠이 불쑥 손을 내밀며 "그대 거기 있는가" 묻습니다. 슬금슬금 찾아온 밤하늘의 별빛들 사이로 홀로 걷습니다. 추위 속에서 만물은 숨을 죽입니다. 뒷짐 지고 홀로 걷는 사색의 시간이 즐겁습니다. 인적이 드문 시골의 밤길은 아름답기 그지없습니다. 무언(無言)의 향기와 소리들이 허공에 넘쳐흐릅니다.

마음의 길 위에서 넌지시 물어봅니다. "나는 나의 뒷모습을 제대로 본 적이 있는가." 고개를 돌려 보니 얼핏얼핏 보이는 회한들로 가득합니다. 무엇인지 모를 불확신의 정체들. 그것은 부끄러움일까요, 그렇게 살지 말라는 경고일까요. 혹은 당당함이었을까요, 나답게 살아온 흔적이었을까요. 나를 지나쳐 가버린 삶은 지금 어디로 향하고 있는 것일까요. 타인의 뒷모습은 보여도 정작 나의 뒷모습은 보이지 않습니다. 보고 싶지 않은 타인의 뒤태들, 그 상처와 고뇌의 시간이 지나가면 또 다른 그림자들이 서성거립니다. 결코 뒤를 돌아보지 마세요. 누군가는 당신을 지켜보고 있습니다. 그저 묵묵히 걸어가십시오. 흐르는 강물처럼 하염없이 흘러가십시오. 하지만 나약한 인간인지라 "나는 무엇을 이루었는가" 고뇌하지 않을 수 없습니다. 언제부턴가 나의 등 뒤가 궁금해졌고, 동시에 다른 이들의 뒷모습을 살피기 시작했습니다. 어둠 속에서 작은 등불이 아른거립니다. 브람스 바이올린 협주곡 2악장 아다지오. 아름답고 우아한 물결이 어두운 별빛 사이로 흐릅니다. 어둠을 어루만지는 밤의 이야기들입니다. 감미로운 오보에 선율이 참으로 매혹적입니다. 평온하고 여유로운 느낌, 느릿하게 다가오는 관현악의 음색이 풍부하게 살아납니다. 베토벤, 멘델스존, 차이코프스키의 곡과 함께 세계 4대 바이올린 협주곡으로 꼽히는 브람스의 이 명곡은 인적이 드문 밤길과 자연스럽게 어우러집니다. 바람 한 점 없는 밤, 차가운 공기에 촉촉이 젖어드는 고독의 향취가 물씬 풍깁니다. 대지에 넘쳐나는 자연의 숨결들. 시각은 청각이 되고, 청각은 시각이 됩니다. 어두운 밤의 공간은 모든 사물을 예민한 감각의 세계로 이끈다고 했던가요.

심오한 내적 세계의 발현입니다. 섬세한 바이올린 독주가 밤하늘을 수놓습니다. 마치 밤의 정령들에게 소곤소곤 아름다운 이야기를 들려주는 듯합니다. 어정쩡하게 허리가 구부러진 뒷모습은 초라하고 쓸쓸할 뿐만 아니라 측은하기까지 합니다. 허전하다 못해 외롭습니다. 반면 어떤 이는 의지가 확고해 보이기도 하고, 어떤 이는 왜소하고 촌스럽거나 우울함과 패배감에 찌들어 보이기도 합니다. 자신감이 넘치는 이가 있는가 하면, 연민을 자아내는 우아한 뒷모습도 있습니다. 각자의 삶이 다르기에 뒷모습 또한 제각각입니다. 세상사의 모든 짐을 짊어진 나의 등짝을 나 자신조차 볼 수 없는데, 그 누가 온전히 이해할 수 있겠습니까. 거울 앞에서도 제대로 마주할 수 없는 나의 뒷모습. 과연 우리는 평생을 살아가며 자신의 뒷모습을 단 한 번이라도 진실하게 볼 수 있을까요. 아마 영원히 불가능할지도 모릅니다. 사람들은 간혹 말합니다. 뒷모습이 곱고 우아한 사람이 되고 싶다고 말입니다. 도대체 어떤 삶을 살아야 뒷모습에 향기가 머물 수 있을까요. 별들이 그저 묵묵히 반짝거리는, 깊은 밤입니다.

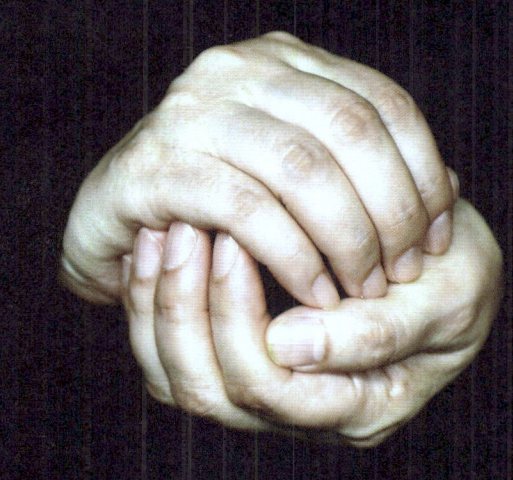

그대거기있는가

●

초판 1쇄 2026년 3월 25일

지은이 이상철

인쇄 지성기획

발행처 차와문화

발행인 홍태화

편집. 디자인 차와문화

●

등록번호 종로 마 00057

등록일자 2006. 09. 14

차와문화 서울 종로구 계동길 103 - 4

편집부 070 - 7761- 7208

이메일 teac21@naver.com

사진 제공 _ 매거진 차와문화

ISBN 979-11-86427-12-5 **가격** 30,000원